십 대들을 도우려면

Roy Petitfils
HELPING TEENS with Stress, Anxiety, and Depression

© 2019 by Roy Petitfils
All rights reserved.

Translated by Eunmee Park
Korean translation copyright © 2022 by Benedict Press, Waegwan, Korea.
Korean translation rights arranged with Ave Maria Press, Inc., Notre Dame, Indiana, U.S.A.

십 대들을 도우려면
스트레스, 불안, 우울증을 겪는 청소년을 도우려는 어른들을 위한 안내서

2022년 2월 10일 교회 인가
2022년 3월 17일 초판 1쇄

지은이	로이 페티피스
옮긴이	박은미
펴낸곳	성베네딕도회 왜관수도원 ⓒ 분도출판사
찍은곳	분도인쇄소

등록	1962년 5월 7일 라15호
주소	04606 서울시 중구 장충단로 188 분도빌딩(분도출판사 편집부)
	39889 경북 칠곡군 왜관읍 관문로 61(분도인쇄소)
전화	02-2266-3605(분도출판사) · 054-970-2400(분도인쇄소)
팩스	02-2271-3605(분도출판사) · 054-971-0179(분도인쇄소)
홈페이지	www.bundobook.co.kr

ISBN   978-89-419-2203-2 03230

로이 페터피스 지음 ● 박은미 옮김

십 대들을 도우려면

스트레스, 불안,
우울증을 겪는
청소년을 도우려는
어른들을 위한 안내서

분도출판사

차례

서문 7

감사의 말 21

제1부 **우리가 개입해야 할 영역** 27

1. 얼마나 심각한 문제인가? 29

2. 내가 개입해야 할까? 43

3. 어떻게 도울 것인가? 63

제2부 **개입에 필요한 도구들** 73

4. 스트레스 이해하기 75

5. 불안과 우울 알아채기 95

6. 성공에 대한 과도한 압박감 피하기 117

7. 가톨릭 신앙 로드맵 활용하기 137

8. 경청의 기술 배우기 161

9. 보다 전문적인 도움 주기 189

10. 착한 사마리아인의 소명에 귀 기울이기 219

주 231

서문

영화 「캐리비안의 해적 – 세상의 끝에서」에서 바르보사 선장은, "확실히 남들이 찾아낼 수 없는 장소를 찾으려면 일단 길을 잃어야 하지"라고 말한다.

오늘날 청소년들과 함께하는 일은 길을 잃은 것 같은 느낌이 들 때가 있다. 어떤 청소년을 걱정하는 상황에 처하면 어른들은 종종 무슨 말을 해야 할지, 어떻게 도와야 할지, 또는 무슨 일을 해야 하는지 몰라 난감해하곤 한다. 최근에 어떤 분이 나에게 말한 것처럼, "내가 상황을 이해하지 못한다고 그 아이가 생각할까 봐 아무 말이나 하고 싶지는 않고, 그렇다고 아무 말도 하지 않으면 무관심하다고 여길까 봐 걱정스러운" 상황인 것이다.

청소년들에게 삶의 방향을 알려 주기 위해 그들의 정서적 생활 속 깊숙이 들어가 보겠다는 시도는 방향감각을 잃은 것 같은 느낌이 들게 할 수 있다. 사춘기에는 흔히 정서적 기복이 심한 데다, 오늘날 청소년들이 마주하는 새로운 스트레스 요인들은 그들에게 걱정, 스트레스와 두려움이 요동치고 증폭되는 정서적 거울의 집 속에 있다는 기분이 들게 한다.

정서적으로 오르락내리락하고 방향이 자주 바뀌는 청소년을 어떻게 도와야 하는지는 노련한 부모, 교육자, 사목자, 청소년 상담을 전문적으로 하는 어른들에게조차 벅찬 일이다.

그런데 바로 이것이 흥미로운 지점이다. 걱정과 두려움이 많은 어른들이 걱정과 두려움이 많은 청소년들을 돕는 일을 떠맡는다는 점이다. 언뜻 보기에 이것은 말도 안 되는 불가능한 일처럼 보일 것이다. 그러나 우리 자신의 두려움과 걱정을 더 많이 인식하면 할수록 청소년들과 관계 맺기를 더 잘하게 될 것이다. 우리가 지닌 걱정이나 두려움의 본질은 다를지 모르지만, 우리가 공통으로 경험하는 지점에서 청소년들을 만날 수 있고, 그 지점에서 결국 그들을 도울 수 있는 잠재력이 강화될 것이기 때문이다.

"두려워하지 마라"

구약성경과 신약성경 모두에서, 주님은 우리에게 아무것도 두려워할 게 없다는 사실을 상기시킨다. 사실, "두려워하지 마라"라는 말씀은 성경에서 가장 자주 반복된다. 그 글귀를 들었을 때, 당신도 나처럼 "물론 하느님 당신이야 그렇게 말하는 게 쉬운 일이겠지"라는 생각을 몇 번이고 해 봤을 것이다.

진실은, 하느님께서는 우리에게 두려움과 고요함 둘 다 각각 적당한 때에 적당한 정도로 경험하도록 만드셨다는 것이다. 어느 정도가 충분한 건지, 어느 정도가 너무 심한 건지, 또는 너무 적은 건지 아는 게 관건이다. 청소년들과 어른들 모두 과도한 스트레스를 받고 평화로움을 느끼는 일은 거의 없다. 그러면 우리는 어떻게 변화할수 있을까? 어떻게 하면 스트레스와 불안에 시달리는 청소년들을 돕고, 주님의 평화를 더 많이 찾게 할 수 있을까? 이 질문에 대한 대답을 찾는 일이 이 책의 목적이다.

나의 여정

내가 청소년들에게 마음을 쓰게 된 이유 가운데 하나는 나 스스로가 너무 고통스러운 청소년기를 보냈기 때문이다. 나는 정말로 사투를 벌였다.

현재 미국의 청소년 34퍼센트가 한 부모 가정에서 자라는데, 나역시 어머니 혼자 나를 키우셨다. 오늘날 청소년의 15퍼센트처럼 나는 가난하게 태어났다. 어머니에게 신앙은 아주 중요했지만, 내가 오랜 기간 만나 온 많은 부모와 마찬가지로, 어머니는 나에게 어떻게 신앙을 전수해야 하는지 몰랐다. 어머니는 내가 훌륭한 가톨릭 교육을 받고, 그래서 내가 빈곤의 고리를 끊고 훌륭한 어른이자 가톨릭 신자가 되기를 바랐다. 그렇게 하기 위해 어머니는 거의 일주일 내내 네 가지 일을 병행하면서 잠자는 시간을 빼고는 늘 일하셨고, 나는 방과 후 집에 혼자 남아 모든 일을 알아서 해야 할 때가 많왔다. 그때는 미처 깨닫지 못했지만, 나는 상처받고 있었다. 슬픔과 외로움이 밀려왔고, 어릴 때부터 정서적인 고통을 달래기 위해 먹는 것에 몰두했다. 아무도 없는 집에서 음식만이 내 친구였다.

고등학교 2학년이던 어느 날, 어머니가 학교로 나를 데리러 오셨다. 어머니는 늘 밤늦게까지 일하다 내가 잠든 뒤에야 집에 오셨기 때문에, 이런 일은 처음이었다. 우리는 동네 마트로 향했는데, 곧장 피로 얼룩진 흰 앞치마를 두른 덩치가 크고 머리카락과 수염이 붉은 주인아저씨가 반겨 주는 정육점에 들어갔다. 정육점 주인이 고기 자르는 큰 칼을 휘두르며 어머니에게 "다시 오셨군요"라고 말했다. 내가 어머니에게 "여긴 왜 온 거예요?"라고 묻자, 어머니는 "의사 선생님이 네 몸무게를 정확하게 알아 오라고 전화하셨어"라고 대답했다. "그럼 병원으로 가야 되는 거 아니에요?"라고 묻자, 어머니는 "중학교 때 이후로는 병원에 가서 몸무게를 잴 수 없었잖니. 병원 체중계는 160킬로그램까지만 나오니까" 하셨다.

나는 마음속으로 열여섯 살에 체중이 160킬로그램이 넘는다는 사실을 숨기려 애쓰고 있었다. 주인아저씨는 소량으로 파는 고기는 한 번도 달아 본 적 없는 거대한 저울을 가리켰다.

"자, 로이, 저울에 올라가 보거라, 몸무게 좀 재 보자." 그가 말했다. 나는 주머니에 든 물건을 다 꺼내고, 신발을 벗고 (다들 그렇게 하지?) 저울에 올라갔다. 빨간색 긴 바늘이 흔들리더니 206킬로그램에서 멈췄다. 숨이 멎을 듯 놀라던 어머니의 얼굴에 수치심과 당황 그리고 무기력함이 퍼지는 게 보였다.

말문이 막혀 한동안 말이 없던 어머니가, "아들아, 이제 진짜 뭔가 해야겠구나" 하셨다.

"저도 알아요, 엄마." 내가 대답했다.

그러나 우리는 아무것도 하지 않았다.

어머니는 계속 일하셨고 나는 계속 먹어 댔다. 내 몸무게는 더 불어났다. 수많은 청소년(18세 이하)이 그렇듯이, 나는 가난 속에서 자랐다.[1] 가난하고 병적으로 비만인 소년이다 보니, 나는 갖가지 이유로 괴롭힘을 당했다. 학교에 가기가 무서웠고, 괴롭힘을 피하기 위해 엄마가 허용할 때마다 자주 결석했다. 나 자신을 보호하기 위해 써먹은 방어기제들은 오히려 나에 대한 부정적인 관심을 더 불러일으켰다. 청소년 시절에 나는 나 자신을 미워했고, 몇 번이나 자살에 대해 생각했다.

몸부림치는 내 모습을 보고 나를 도와주려 했던 어른들도 있었다. 그러나 일상에서 나는 친구들과 선생님들의 눈에 보이지 않는 존재였다. 나는 마을에서 가장 몸집이 큰 사람이었고, 마치 『해리 포터』에 나오는 투명 망토를 덮고 사는 기분이 들었다. 나는 220킬로그램이 넘는 몸무게, 허리는 64인치, 7X셔츠를 입는 외모에다, 반에서 가까스로 꼴찌를 면한 성적으로 졸업했다. 열일곱 살에 나는 '사람들이 나를 왜 좋아하겠어? 가난하고 뚱뚱하고 멍청한데'라고 생각하곤 했다.

퇴학당하다시피 대학을 그만두고, 산업 건설 현장에서 일자리를 얻었다. 일 년쯤 지난 뒤, 나는 동료의 도움을 받아 다시 대학으로 돌아갔다. 대학으로 돌아온 첫날, 고등학교 때 알고 지내던 한 무리의 친구들이 다가오더니, "로이, 너 가톨릭 학생 센터에 와 보는 건 어때?"라고 말했다. 내가 대답했다. "고1(10학년) 때 이후로 성당에 한 번도 가지 않았는데, 이제 와서 그럴 생각은 없어." "공짜 도넛도 있는데." 친구의 말이었다. 내가 말했다. "음 … 그럼 어떤 곳인지 한 번 들러 보기라도 할까." 주님은 때로 우리를 당신에게 오게 하려고 탄수화물을 사용하신다!

나는 고등학교 1학년 때 성당에 가기를 그만두었다. 어머니는 내가 성당에 다니기를 바라셨지만 성당에 가게 하지는 못했다. 당시에는 인지하지 못했지만, 나는 하느님에 대한 깊은 원망을 품고 있었다. 나는 하느님이 변덕스럽고 복수심에 불탄다고 생각하지는 않았지만, 많은 청소년이 그러듯이 하느님은 내 상황에 대해 냉담해서 나를 도울 수 없고 나를 도우려 들지도 않는다고 생각했다.

가톨릭 학생 센터에 들어갔을 때, '여기가 바로 천국이구나' 하는 생각이 들었다. 갓 구운 따뜻한 도넛이 상자째 놓여 있었다. 그곳을 자주 찾는 친구들에게는 경악과 공포 그 자체였겠지만, 나는 거들먹거리며 안으로 들어가, 나에게는 의자처럼 꼭 맞는 작은 소파의 다리가 흔들릴 정도로 털썩 주저앉아 도넛을 열두 개나 먹어 치웠다. 몇몇 학생이 나에게 와서 말을 걸었다. 나는 곧바로 내 소임을 알아차렸다. 그저 여기 와서 도넛 한 상자를 먹으면 되는 거였다. 여러분도 부디 신앙을 가지시길.

그곳 학생들은 나에 관해 이것저것 묻고 나에게 진짜로 관심이 있는 것처럼 다가왔다. 우리가 처음 나눈 대화들은 내 주변의 일에 관한 것이었는데, 긍정적인 관심을 얻는 데 자포자기한 수많은 청소년이 그렇듯이, 나에게 그런 대화는 낯설고 어색하게 느껴졌다. 나는 긍정적인 관심을 받은 적이 거의 없었기 때문에, 그런 관심을 받게 되자 그건 어쩌다 잠깐 나에게 쏠리는 관심이라고 생각했다. 나는 오랫동안 부정적인 관심을 받는 것에 익숙해 있었다. 그게 나에게는 더 자연스러웠기 때문이다. 하지만 이곳 사람들은 정말로 나에게 관심이 있는 것 같았다. 고등학교 때와는 달리, 그들은 정말로 나를 바라봐 주었고, 그래서 나는 내가 볼 수 있는 것보다 나에게 더 많은 게 있을지도 모른다고 생각하기 시작했다.

나는 종교를 빌미로 먹을거리와 친구들을 찾아 계속해서 가톨릭 학생 센터에 다녔다. 어느 누구도 나에게 신앙을 강요하거나 권유조차 하지 않았다. 내가 센터에서 만나는 사람들은 정말로 행복해 보여서, 신앙에 조금 관심이 생기긴 했다. 나는 내가 행복하다고 그들에게 (그리고 나 자신에게도) 확신시키려 했지만, 진실을 말하자면 나는 비참했다. 나의 청소년기 대부분은 불안하고 몹시 우울했고, 이제 상황은 전보다 좋은 쪽으로 나아가고 있었는데도 여전히 우울했다. 나는 여전히 나 자신을 미워했다.

15년 뒤 지금은 나의 가장 친한 친구가 된 학생 센터의 신부님께서 나에게 말했다. "그날 소파에 앉아 있는 너를 보았을 때, 너만큼 자신을 미워하는 사람은 본 적이 없었지. 그리고 나는 너와 사랑에 빠지게 된 거야." (이때의 사랑은 건전하고 안전하고 주변에서 모두 인정하는 방식을 의미한다.) 센터에 있던 신부님과 그 많은 친구들은 내가 나를 사랑하게끔 나를 사랑해 주었다. 나는 사교성이 떨어졌고, 공손함과는 거리가 멀었고, 냄새나고 단정하지도 않고 말버릇도 거칠었다. 나는 해서는 안 되는 말과 행동을 해서 사람들을 난처하게 만들곤 했다. 사랑한다는 일이 나에게는 쉽지 않았다. 그러나 어쨌든 그들은 나를 사랑해 주었다.

나는 이 사람들이 어떻게 상호작용을 하고 어떻게 생활하고 있는지 조금씩 관심을 갖기 시작했다. 그들은 진짜 행복해했다. 한 대 때려 주고 싶을 만큼 과하게 활달한 척하는 아침형 인간의 행복감이 아니었다. 그들에게 좋은 날도 나쁜 날도 있을 테지만, 좋은 날을 좋게 만드는 것이 무엇인지, 나쁜 날에 그들은 무슨 일을 하는지가 달랐다. 그들에게는 뭔가 특별한 것이 있었다. 그 특별한 일이 내게 분명해졌는데, 도움이 필요한 사람에게 손을 내밀고, 그들과 관계 맺는 일이 그들이 느끼는 평화와 진정한 기쁨의 원천이었다.

나는 이 친구들과 함께 다시 성당에 나가기 시작했다. 나는 신앙에 대해 질문하기 시작했는데, 그들은 끈기 있게 대답해 주었다. 열띤 논쟁을 벌이기도 했지만, 그들은 내 곁을 떠나지 않았다. 사람들이 나를 떠나는 일은 내가 늘 두려워하던 것이었다. 사람들이 이제 나를 좋아하지 않고 내 곁에서 떠나게 될까 봐, 나는 늘 사람들에게 속마음을 솔직하게 털어놓기를 두려워했다.

성체성사와 고해성사를 다시 받으러 간 일은 상황을 완전히 바꾼 계기가 되었다. 꾸준하게 성당에 나갈수록 지속적으로 나 자신에 대한 치유가 일어났고, 감히 말하건대, 행복감도 점점 더 커지고 있다는 사실을 알게 되었다. 나는 또 신부님과 면담을 시작했다. 신부님은 나에게 식습관 코치, 헬스클럽 회원증, 상담을 받을 기회를 마련해 주셨다. 처음에는 신부님과 상담을 했는데, 나중에는 상담 전문가를 만났다.

나는 체중을 줄여 나가기 시작했다. 2년에 걸쳐 신부님과 면담했는데, 꼭 필요한 상담과 영적 지도를 해 주신 신부님과는 평생의 친구가 될 수 있었고, 가톨릭 학생 센터에서 만난 몇 사람과도 깊은 유대 관계를 맺었다. 현재 이들은 나의 가장 친한 친구이고, 그 가운데 한 사람은 내 아내다. 비만 치료를 하던 2년 사이, 아무 시술 없이 거의 135킬로그램을 감량했다.

그 시기 동안 내가 무엇을 배웠는지 완벽하게 인지하지는 못하지만, 신부님은 나에게 필요한 건강한 생활의 핵심, 즉 적절한 휴식, 건강식, 운동, 일기 쓰기, 침묵, 기도, 영적 지도, 상담 그리고 성당에서 이루어지는 성사와 영성체를 발견하게 해 주셨다. 이런 행위 모두가, 그 가운데 몇 가지는 어쩌면 아주 세속적인 것일 수도 있지만, 내 가톨릭 신앙의 주요 요소였다는 걸 알게 되었다. 그런 신앙은 내 생활 전체를 지탱하는 주춧돌이 되었다.

내 이야기를 들은 사람들 중에는 「최고의 루저」the Biggest Loser(참가자들이 단 기간에 엄청난 체중을 감량하는 텔레비전 프로그램)에 나가 보지 그랬어?"라고 말하는 이들도 있다. 사실, 나는 '최고의 위너'(Biggest winner)다. 신체의 극적인 변화와 그 체격을 유지하기 위해 이후 20

년 동안 이어진 노력은 더욱 심오하고 훨씬 의미 있는 정신적인 전환을 보여 주는 하나의 징후에 불과하다.

나는 내가 어릴 때 겪은 것과 유사한 상황에 처한 오늘날의 청소년들에게 깊이 공감하지 않을 수 없다. 나에게 관심을 보여 준 어른들이 내 인생에서 만들어 낸 변화, 그들이 신체적으로나 정신적으로 어떻게 내 삶을 구원해 주었는지를 잘 알고 있다. 그것이 지난 20년에 걸쳐 나에게 깊은 영향을 주었고, 나에게 주어진 선물들을 청소년들에게 되돌려 주도록 이끌었다.

최전선에서

지난 20년 동안, 나는 학교와 본당에서 또 심리상담사로서 개인 상담실 같은 다양한 환경에서 청소년들과 함께 작업을 했다. 걱정, 불안, 우울이라는 극심한 고통 속에서도 청소년들이 자신의 상황을 개선하겠다고 결심하는 것을 지켜봐 왔다. 그들 중 많은 이가 사투를 벌이다가 어떤 지점에 이르러 그들을 가장 잘 도와줄 수 있는 유일한 존재인 하느님에게서 등을 돌렸다는 사실을 알고 있다. 물론 나는 수없이 많은 청소년이 하느님에게 다시 마음을 열고, 하느님의 은총을 받아들이고, 그들 자신의 결심과 그에 따른 훈련을 실행해 나가고, 다른 사람들의 도움을 받아 스트레스에 대처하고, 더 큰 평화와 희망 그리고 행복을 발견하는 것 또한 보았다.

청소년들과 함께 작업하는 것 외에도, 부모와 마주 앉아, '모든 것'을 갖고 있는 그들의 자녀가 어떻게 목숨을 끊고 싶어 하는지 이해하려고 노력했다. '뭐 하나 걱정할 게 없는' 아이가 어째서 큰 걱정에 사로잡혀 신체를 정상적으로 움직일 수 없게 되었는지, 왜 외향적인 대학 1학년생이 실패할까 봐 두려워 기숙사 방에서 한 발짝도 나갈 수 없게 되었는지, 사춘기 소녀의 완벽주의와 그에 이어진 불안감이 어떻게 그 소녀가 온 삶에서 이뤄 낸 성취를 위험에 빠뜨리는지, 신앙에 큰 관심을 보이던 아이가 어떻게 무신론자나 불가지론자를 자처하게 되었는지에 관해 이야기했다.

이 청소년들과 가족들뿐 아니라, 나는 오늘날 청소년들이 겪는 점점 더 복잡해지고 심각해지는 정서적 문제에 직면해서 무력감을 느끼고 있는 수많은 교사, 공무원, 교수, 사목자와 만날 기회도 가졌다. 나는 이들이 느끼는 좌절감에 대해 들었다. 그들은 청소년들과 그 가족들이 만성적인 스트레스나 간헐적인 극심한 스트레스, 불안 그리고 우울감 속에서도 평화와 기쁨을 찾을 수 있도록, 효과적인 대책이나 이전의 대처법이라도 새롭게 적용할 수 있는 방법을 알려 달라고 절박하게 호소했다.

내가 이 책에서 공유할 원리를 청소년들이 스스로 적용하면서, 정서적이고 정신적인 자유를 발견하는 것을 보았다. 청소년을 돕고자 하는 어른들이 새로운 도구와 기법을 통합한 뒤 청소년들에게 더욱 도움이 되었다고 느끼고 자신감이 커진 것도 지켜보았다.

인간관계에는 어떤 공식 같은 것이 없는 법이니, 이 책에서 어떤 공식 같은 것을 발견할 수는 없을 것이다. 그러나 당신이 처한 상황이나 당신이 만나는 청소년의 환경이 어떻든 관계없이, 각자 스스로 적용할 수 있는 원리를 발견하게 될 것이다. 마음을 닫아건 청소년과 대화하는 데 도움이 될 언어도 발견하길 바란다.

이 책 활용법

열심한 독자로서, 나는 늘 책 여기저기를 건너뛰며 읽기를 허용하는 저자에게 고마운 마음을 갖는데, 나 역시 독자들에게 그런 선물을 드리고 싶다. 먼저 책의 차례를 훑어보고, 각자 자신이 처한 특별한 상황에 더 적절하게 느껴지는 주제를 찾아도 좋다. 여러분이 만나는 청소년이 우울하다면, 5장 「불안과 우울 알아채기」로 바로 넘어갈 수 있다. 청소년이 특히 스트레스를 많이 받고 있다면, 4장 「스트레스 이해하기」나 6장의 「성공에 대한 과도한 압박감 피하기」부터 읽어도 좋다.

각 장은 순차적인 접근법이 용이하도록 정렬되어 있다. 후반부에 나오는 정보들은 초반에 나오는 원리와 기법에 기반을 둔 것이다. 가장 중요한 것은, 당신의 마음을 울린 말, 조언, 방법에는 강조를 해 두는 것이다. 이런 자원에서 얻을 수 있는 것을 가능한 한 빨리 얻자. 다시 읽어 볼 쪽수나 문단을 표시하기 위해 책갈피를 접거나 북마크 활용을 주저하지 말자.

디지털 자원

추가적인 내용을 찾아볼 수 있도록 각 장에서 따로 언급해 두었다. 거기서 여러 사례를 찾을 수 있을 것이다. 이것들은 비디오, PDF 파일 또는 언급된 주제에 관한 더 상세한 설명이 될 것이다. 직접 종이 책을 읽게 될 대다수 독자들을 위해, 정확한 링크는 주에 붙여 둔다.

핵심 내용과 스스로에게 질문하기

각 장은 내가 핵심이라 생각하는 내용으로 마무리된다. 핵심 내용이 하나일 수도 있고 몇 가지일 수도 있다. 그것을 읽고 자유롭게 덧붙여도 좋다. 각 장 끝에 제시하는 몇 가지 질문에 대해 잠깐 성찰의 시간을 가져 보자. 배움을 심화하기 위해, 당신의 답변을 적어 보는 것도 좋다.

성경과 기도

성경 구절은 다음 내용을 전하기 위한 것이다.

1. **희망.** 우리가 청소년과 함께한 경험이 성경에도 나온다는 걸 아는 것은 우리에게 때로 희망을 준다. 우리만의 독특한 경험이 우리 이전에 살았던 사람들의 경험과 공통점이 있다는 것을 아는

것은 큰 도움이 된다.

2. **용기 북돋우기.** 우리가 낙담하고 포기하고 싶은 유혹에 빠질 때, 하느님 말씀은 우리가 계속 나아갈 수 있게 도와준다.

3. **기도할 기회.** 단 일이 분이라도 성경 구절을 생각하며 기도하고, 특히 당신과 당신의 상황에 하느님이 무슨 말씀을 하고 계신지 경청해 보자.

실천하기

이 책의 모든 내용이 각자의 상황에 다 도움이 되거나 적용할 수 있는 건 아닐 것이다. 하지만 분명히 몇 가지 조언이나 방법, 영감을 발견할 수 있을 것이다. 그것을 실천하자. 당장 실천해 보라. 그리고 그것들을 친구나 동료와 공유해 보라.

이 책을 읽고 나서 일어날 수 있는 최악의 결과는, 흥미 있고 영감을 준다고 생각만 하고 아무 행동도 하지 않는 것이다. 고통스러운 시기를 보내고 있을지도 모를 청소년에게 손을 내밀고, 만나고 그들과 함께하려면, 책에서 배운 것을 적극적으로 활용해야 한다.

감사의 말

'책'이라는 단어는 다양한 팀에 속하는 사람들을 포괄하는 거대하고 복잡한 프로젝트를 단순하게 설명하는 방법이다. 책 한 권이 그저 '좋은 아이디어'에서 물리적으로 완성되어 출판되기까지 책임을 맡아 팀을 구성하는 개인들, 하나의 문서가 인쇄되어 출간되도록 애써 주신 모든 분께 짧게나마 감사의 말을 전해야겠다.

먼저, 결혼 생활 17년 동안은 물론 지금까지 내 최고의 친구인 아내 민디에게 감사의 마음을 전하고 싶다. 이 프로젝트를 시작하던 순간부터 변함없이 나를 지지해 주고, 책 쓰기를 포기하거나 연기해야 하지 않나 하는 의심과 고민을 할 때도 줄곧 응원해 준 것, 또 원고를 마무리하기 위해 앨라배마 걸프쇼스에 있는 콘도에 와서 일주일이나 보낼 수 있게 해 준 것에 대해서도 감사하다. 책을 쓰기 위해 휴가가 필요하고 그 시간과 비용에 관해 상의했을 때, 아내는 한 치의 주저함도 없이 '좋다'고 말해 주었다. 아내가 직장에서 새로운 직책을 맡은 지 몇 달 되지도 않았는데 내가 여행을 떠나면, 온갖 집안 일이며 가족의 변화무쌍한 스케줄을 조정하는 일들이 전부 아내의 몫이 될 거라는 사실을 서로가 잘 알고 있었다. 내가 다른 청소년들을 돕기 위해 상담이나 강연, 책 쓰는 일로 자주 밖에 나가 있는 사이, 우리 아들들의 생활을 챙기는 부모 역할을 모두 감당해 준 것도 감사하다.

내가 다른 청소년들을 만나기 위해 출장을 갈 때마다 엄마와 마찬가지로 수없이 많은 희생을 해 준 두 아들, 맥스와 벤에게도 감사의 마음을 전한다. 우리 두 아들이 때로는 아빠를 독차지하고 싶어 한다는 걸 잘 알고 있다. "너희의 응원은 당시에 너희가 알고 있었던 것보다 훨씬 더 많은 의미가 있었으리라. 너희의 지지와 사랑이 없었더라면 나는 아마 소임을 다하지 못했겠지. 너희가 내 인생에서 가장 의미 있고 중요한 청소년이라는 사실을 잊지 말길 바란다!"

친구이며 동료이자 멘토인 혼인과 가족상담 전문가 댄 쥬렉은 청년기부터 20년 넘게 나에게는 사목자, 선배, 친구, 형제, 아버지 같은 존재였다. 현재는 내가 몸담고 있는 가톨릭 상담 센터인 팍스 재활 센터(Pax Renewal Center)에서 함께 일하고 있다. 그는 예전이나 지금이나 나에게 여러 방면으로 큰 영향을 미쳐, 날마다 내가 더 나은 남성, 배우자, 아버지 그리고 가장 중요하게는 하느님의 자녀가 되게 해 준다. 그의 열정적인 지지가 없었더라면, 이 책은 출간되지 못했을 것이다. 청소년 상담으로 가장 바쁜 시기인 5월에, 일주일이나 상담실을 비우는 것을 동의하고 응원해 준 것에 특히 감사한다. "당신의 모든 지지와 격려에 감사합니다."

형제나 다름없는 친구이자 멘토인 마이크 패틴은 젊은 친구들을 돕는 데 필요한 사목 방법, 직업윤리, 전문가적 태도를 가르쳐 주었고, 끊임없이 실천적 제안을 해 준다. 청소년들을 돌보고 있는 사람들에게 가장 도움이 되는 방식으로 메시지를 구성하고 가르칠 수 있도록 지금까지도 여러 제안을 해 주어 정말 감사하다. 각 주제에 관해 이야기할 때마다 귀 기울여 들어 주고, 이 책 10장에 강조한 착한 사마리아인 이야기의 맥락에서 사목적 보살핌을 짤 수 있도록 창의적이고 은총 가득한 제안을 해 준 것에도 감사한다. 나는 단순한 것을 복잡하게 만드는 재능을 가지고 있는 반면, 마이크는 (바로 이 문장처럼) 복잡하고 이해하기 힘든 것을 정보를 절박하게 원하고 사용하고 싶어 하는 사람들이 쉽게 접근하도록 만드는 훌륭한 재능을 지니고 있다.

이 책을 편집해 준 에일린 폰더에게도 감사드린다. 이 프로젝트를 계속할 수 있을지, 글을 쓰고 고쳐 쓰고 또다시 수정하는 데 드는 시간을 낼 여유가 있을지 나는 강한 의구심을 품고 있었다. 내가 처음으로 작성한 차례와 서문을 수정한 것을 보고, 또 내 목소리가 스며들어 있으면서도 내용을 이해하기 쉽고 멋지게 수정해 준 것을 보고, 나는 이 프로젝트가 각별한 작품이 될 것이고, 부모나 교육자, 사목자를 위해 가치 있는 자원이 될 수 있겠다는 확신이 들었다. 그녀와 함께 작업을 할 수 있어서 감사하고 영광스럽게 생각한다.

아베 마리아 출판사의 멋진 직원들은 이 작업의 잠재력을 즉시 알아챘고, 주저없이 서둘러 작업에 뛰어들었다. 이 책을 아름답고,

특별하고, 유용하게, 그리고 이 책이 필요한 사람들에게 널리 활용되고 쉽게 이해할 수 있도록 만들어 주신 모든 수고에 감사드린다.

팍스 재활 센터에서 같이 일하는 조수 레이시는 내가 상담 실습을 할 때, 또 팟캐스트「오늘의 십 대」에서 강의할 때 꼼꼼히 원고를 살펴 주었다. 그 작업들을 더 쉽게 해 주고, 내가 최선을 다해 사람들과 연결하고 만남을 창조하고 사람들과 소통할 수 있도록 도와준 데 대해 진심으로 감사하다.

토리는 이 책을 집필하는 데 필요한 엄청난 연구 자료를 검토하는 데 도움을 주었고, 내가 손으로 쓴 원고를 읽고 교정하느라 노고가 많았을 것이다. 정말로 감사드린다.

내 친구 크리스 모는 본인도 멋진 작가이자「오늘의 십 대」라는 팟캐스트를 진행하고 있는데, 이 책에 실린 내용 상당 부분이 팟캐스트에 있다. 책 내용을 더욱 유용하게 만들기 위해 장마다 실린 질문, 성경 구절 그리고 기도에 대해 정보를 주어 감사드린다.

「오늘의 십 대」돕기 활동에 엄청난 지원을 아끼지 않은 케빈 도레, 다니엘 도레 박사, 크리스틴 도레, 로이와 에이미 프로보스트, 롭과 데니스 어터에게도 감사의 마음을 전한다. 이 책과 팟캐스트, 블로그 그리고 수많은 대화는 많은 이의 너그러움 덕분에 탄생할 수 있었다.

오랜 시간 동안 나를 찾아와 준 내담자들, 수많은 청소년 그리고 그 가족들은 내가 그들에게 준 도움보다 나에게 더 많은 가르침을 주셨고, 오히려 나를 도와주셨다. 그들의 인생에, 마음에, 정신에 들어갈 수 있도록 허락해 주신 것에도 감사드린다. 그들의 경험을 통해 우리는 혼자가 아니라는 사실을 깨닫게 해 주셔서 진심으로 감사드린다.

2018년 5월 3일
앨라배마 걸프쇼스에서

제1부

**우리가
개입해야할
영역**

1. 얼마나 심각한 문제인가?

"로이, 오늘날 청소년들의 정신 건강 문제가 정말로 일부 사람들이 생각하는 것만큼 심각하다고 생각해? 내 말은 상황이 훨씬 나쁜 건지, 혹은 우리가 예전보다 더 많이 알고 있는 건지 하는 거지." 한 친구가 내게 한 이런 질문을 나는 종종 받는다. 현재 청소년들의 심리적·정신적 상태가 50년 전보다 더 좋아졌는지 아니면 더 나빠졌는지를 암시하는 질문이다. 그러나 이제는 기술상의 진보 덕분에, 전례가 없을 정도로 많은 연구와 정보에 접근할 수 있어서, 오랫동안 존재해 왔지만 파악되지 않았던 문제와 그 심각성을 식별할 수 있다.

경험적 확실성을 가지고 그런 문제에 대해 답하기는 힘들다. 대부분의 일이 그렇듯이, 양 극단 사이 어딘가에 진실이 있다고 생각한다. 청소년들이 겪고 있는 영적·정서적·심리적 고통은 늘 사춘기를 특징짓는 요소 가운데 하나였지만, 사회적 금기, (문제의 심각성에 대한 인식 부족으로 인한) 연구 자금의 부족, 정보에 대한 제한적인 접근성 때문에 이전 세대의 십 대들에 대해 파악하거나 대응하기 어려웠다. 반면에 이 문제들은 그 양태가 드러나는 방식이 변화했고, 청소년들과 함께 활동하는 사람들도 따라잡기 힘들 정도로 그 방식이 급변하고 있다. 그리고 정신 건강 문제를 겪고 있는 청소년들을 돕고자 하는 일에서, 우리가 정말로 전례 없는 도전에 직면하고 있음을 분명하게 암시하는 연구 결과가 나와 있다.

우리가 알아야 할 문제들

불안

국립정신건강연구소의 보고서에 따르면, 사춘기 청소년의 31.9퍼센트가 불안 장애를 겪고 있다. 이처럼 불안은 오늘날 미국 십 대 청소년에게 가장 흔하게 진단되는 정신 건강 장애가 되었다. 전 세계적으로 내가 만나 이야기 나누고 면담을 한 대부분의 어른들 역시 이런 경향을 목격하고 있을 뿐 아니라 지난 5년에서 10년 사이에 십 대들이 불안, 스트레스, 걱정을 점점 더 많이 경험하고 있는 것 같다고 말한다. 이런 경향은 미국 같은 선진국에서 더 급격하게 나타나는 듯하다.[1] 이러한 급격한 증가의 원인에 관해서는 5장에서 논의하겠다.

우울

2016년, 국립정신건강연구소는 12세부터 17세까지의 청소년 약 310만 명이 심각한 우울증(임상적으로 우울증 진단을 받은 경우)을 경험했다고 보고했는데, 이는 미국에서 이 연령기 인구의 13퍼센트를 차지

한다. 그 연령대에서 남성은 9퍼센트인 데 비해 여성은 19퍼센트가 우울증을 앓고 있다.

자살

질병통제예방센터(CDC)에 따르면, 10세부터 17세까지 청소년 자살률은 2006년에서 2016년 사이에 70퍼센트가 증가했다.[2] 십 대 가운데 거의 9퍼센트가 매년 자살을 시도한다(자살을 시도해 본 적이 있다고 보고한 십 대의 비율).[3] 이 책을 집필 중인 현재, 미국에서 12세부터 19세까지의 청소년 사망 원인 가운데 두 번째가 자살이다.[4]

자해

평균적으로 십 대 청소년 다섯 명 중 한 명은 '자해'를 한다. 칼로 베거나, 파고, 태우거나, 심하게 머리카락을 뽑거나, 해를 끼칠 목적으로 자신의 신체 일부를 도구로 때리고 긁고 치는 등, 의도적으로 자신에게 해를 끼치는 행위를 말한다.[5] 대부분의 청소년은 스스로를 해치고 싶어 하지 않는다. 스스로에게 상처를 주는 행동은 스트레스, 불안, 우울감이라는 매우 심각한 문제가 있다는 징후다.

섭식 장애

신경성 거식증 또는 폭식 같은 섭식 장애는 십 대 열 명 중 한 명이 겪고 있다. 섭식 장애를 앓는 청소년은 불안, 우울감, 자해 같은 다른 문제도 겪고 있다. 섭식 장애는 여성에게만 나타나는 문제는 아니다.

LGBTQ+

이 약칭에 익숙하지 않은 분들을 위해 설명하면, LGBTQ+는 레즈비언(lesbian), 게이(gay), 양성애자(bisexual), 트랜스젠더(transgender), 퀴어(queer or questioning) 그리고 다른 비전통적인 남성 또는 여성 젠더 지향성 및 성적 지향성(+)을 상징하는 표현이다.

이 문제 그리고 자신을 특정 정체성과 동일시하는 사람들에 대해 당신이 어떻게 느끼고 무엇을 믿는지와 관계없이, 이 청소년들은 불안, 우울, 자해, 섭식 장애 그리고 자살 경향이 매우 높은 상태에 있다. LGBTQ+ 청소년의 자살률은 해당 인구의 자살률보다 열 배 이상 높다.

괴롭힘

12세부터 18세까지 청소년의 약 21퍼센트가 괴롭힘을 경험하며,[6] 매일 십 대 청소년 16만 명이 괴롭힘 때문에 결석한다.[7] 이것은 쉽게 말해 '닭이 먼저냐 달걀이 먼저냐'의 문제인데, 오늘날 청소년 사이에서 벌어지는 문제를 나타내는 의미 있는 통계라고 말해 두는 것으로 충분하다. 괴롭힘은 십 대들이 결석하는 가장 흔한 이유다.

탈종교화

미국에서는 종교에서, 어떤 경우는 하느님에게서 떠나는 가족들이 점점 더 늘어나고 있다. 종교 소속 상태에 대한 조사에서, 이제 가장 큰 집단은 '무종교'다. 특정 종교나 교파에 소속되기를 선택하지 않는 미국인 집단이 반드시 무신론자나 불가지론자인 것은 아니다. 그들은 그저 제도화된 종교 모임에 참여하고 싶어 하지 않을 뿐이다. 종교 행위에 참여하고 종교에 소속되는 일이 많은 사람에게 희망과 영감 그리고 평온함의 원천이 될 수 있기에, 이용 가능한 대응 메커니즘, 즉 신앙과 종교적 소속 및 실천 행위의 결여는 현재 미국에서 사람들을 매우 높은 수준의 스트레스, 불안 그리고 우울감으로 이끈다고 결론지어도 무방할 것이다. 이런 경향은 다른 선진국에서도 쉽게 관찰된다.

수치를 보면, 청소년층의 종교 이탈과 점증하는 정신 건강 문제 사이에 상관관계가 있다는 사실을 쉽게 추정할 수 있다. 그런 사례가 많이 발견된다. 신앙심이 깊고 성당에 다니며 기도하는 청소년들은 심각한 문제는 고사하고 아무 문제가 없다는 걸 암시하려는 게 아니다. 내가 말하려는 것은, 내가 본 많은 청소년이 처음에는 하느님은 왜 모습을 '드러내 주지' 않는지, '기도에 응답해 주지' 않는지에 대해 고통스러워하고 혼란스러워하다가, 종종 부지불식간에 개인적 기도와 여러 전례 참여, 심지어 영성체까지 그만두기 시작한다는 것이다. 청소년들이 그토록 찾아 헤매던 도움을 얻을 수 없을 때, 우리가 어떻게 신앙 안에서 청소년들이 새롭게 변화할 힘을 얻도록 도울 수 있는지에 대해서는 7장에서 상세하게 논의하겠다.

가족 문제

미국 가족의 속성과 형태는 지난 몇십 년 사이 급격하게 변했다. 한 때 전통적인 가족이라 일컬어졌던, 혼인 관계인 아버지와 어머니 사이에서 낳은 한 명 이상의 자녀로 이루어지며, 아버지는 밖에 나가 일하고 어머니는 집에서 자녀를 양육하고 가사를 돌보던 가족의 형태는 이제 7퍼센트도 남아 있지 않다. 전통적인 가족이 아무 결함이 없다고 말하려는 것도 아니고, 전통적인 가족 형태에서 자란 청소년이 갖가지 압력이나 문제에 면역성을 갖고 있다고 주장을 하려는 게 아니다. 그러나 이러한 급변은 스트레스의 증가, 불안과 우울처럼 우리가 이미 알고 있는 방식으로, 또한 우리가 아직 발견하지 못한 다양한 방식으로 청소년에게 영향을 미치고 있다.

이혼

현재 미국에서 이혼율은 50퍼센트를 훨씬 뛰어넘는다. 많은 청소년이 부모의 다툼과 이혼이 자신들을 괴롭히지 않는다고 말한다. 적절한 대응 기술과 건강하고 다양한 지원(복합적 자원)을 받는 일부 청소년들은 상대적으로 덜 상처받고 이혼을 이겨 낸다. 하지만 적절한 지원을 받지 못한 청소년들에게 이혼은 악몽일 수 있다. 청소년에게 이혼이 초래하는 문제는, 오늘날 많은 청소년이 그야말로 '쿨하게' 보이지 않을까 봐 두려워 문제 자체를 인정하지 않으려 한다는 사실로 인해 더욱 복잡해진다. 열다섯 살 때 심각한 우울증을 겪었던 내담자 샘이 바로 그런 예다.

처음에 샘은 다른 청소년들처럼, "부모님의 이혼은 제게 아무 영향도 미치지 않았어요. 그 문제에 대해서는 이야기할 필요도 없어요. 저는 부모님이 이혼하기로 결정했다고 해서 부모님을 미워하고 불안해하는 십 대가 아니거든요. 뭐 괜찮아요. 나도 괜찮고요. 부모님은 서로 안 보고 지내시는 게 더 나은 거 같아요"라고 말했다. 주위의 너무 많은 친구가 똑같은 일을 겪고 있기에, 샘에게나 미국의 거의 절반 정도의 청소년에게 부모의 이혼은 특별한 일이 되지 않는다. 부모의 이혼이 너무나 흔한 일이 되어 버렸기 때문에, 종종 십 대들은 이혼이 자신들에게 일으킨 고통을 무시한다. 그러나 시간이 흐르면서 결국 샘은 부모님이 싸울 때 그가 얼마나 무서웠는지, 이혼이 이루어지기까지 또 이혼 후에 그가 얼마나 큰 외로움을 느꼈는지를 털어놓았다.

입양 가족

미국에서는 매년 15만 명 이상의 청소년이 입양된다. 2015년에 입양 가정에서 자라는 청소년은 거의 150만 명에 달했다.[8] 다른 여러 상황과 마찬가지로, 입양 가족에게도 잠재적인 도전 과제가 있다. 입양된 뒤 그들에게 주어진 놀라운 생활에 감사하면서, 자신의 출신이나 정체성을 문제 삼지 않고 생활하는 청소년도 있다. 이들은 어떤 심각한 정서적 문제를 경험하지 않는 것 같다. 그러나 많은 청소년이 입양 이후 괴로운 생활을 할 수도 있다.

제일리(14세)는 입양 부모를 언급하며 이렇게 말했다. "저는 엄마 아빠를 사랑해요. 그분들은 러시아에서는 결코 할 수 없었던 생활을 하게 해 주셨지요. 그러나 저는 제가 어디서 왔는지, 친부모님은 누구인지 알고 싶어요. 자주 그런 건 아닌데, 엄마 아빠를 닮은 제 친구를 보면, 저는 절대 그럴 수 없다는 걸 알기에 슬퍼지곤 해요." 다른 입양된 아이들과 마찬가지로, 제일리는 부정적인 정신 건강 문제를 겪을 위험성이 높은 상태에 있었다. 그녀가 말을 이었다. "제가 이런 일에 대해 슬프고 화가 났을 때 부모님이 아무 제지도 하지 않고 제 이야기를 들어 준다면 도움이 되었을 거예요. 로이 선생님, 저도 그게 얼마나 힘든 일인지는 알아요. 제 친구도 입양되었는데, 친구가 친부모님에 대해 묻자, 그 애 부모님은 엄청 상처받아서는 감사할 줄 모르고 무슨 태도냐고 말했대요. 그 친구는 그저 '물론 나도 너무 고마워요! 근데 전 그저 생모가 누군지 알고 싶을 뿐이에요'라고 생각했던 것뿐이죠. 그에 비하면 나는 운이 좋다고 생각했어요."

위탁 가정

미국에는 45만 명 이상의 청소년이 위탁 가정에서 보살핌을 받고 있다.[9] 이 가운데 많은 청소년이 자신의 친부모가 누군지 알고 있다. 일부 청소년은 친부모와 함께 지낼 수 있기를 바라고, 또 자신이 태어난 환경에서 벗어난 것에 감사해하는 청소년도 많다. 알렉스(9세)는 위탁 체계 속에서 생활하면서 받은 스트레스로 극심한 불안을 나타냈다. 그는 매일 몇 번이나 공황 발작을 일으켰다. 알렉스에게는 이야기를 나누는 게 도움이 되었다. 하루는 알렉스가 내게 말했다. "저는 그냥 어디 다른 곳에 있으면 좋겠어요. 그들이 나를 언제 (친부모에게) 돌려보낼지, 또 이 사람들이 나를 데리고 있고 싶어 하는지도 알고 싶지 않아요. 지금은 그저 이 사람들이 저와 제 여동생을 데리고 있고 싶어 하게 정말로 착하게 지내려 노력 중이에요."

혼합 가정

사라(10세)는 부모님이 이혼하고 재혼한 혼합 가정에서 생활하고 있다. 이혼 가정의 67퍼센트의 청소년이 혼합 가정에서 생활한다. 혼합 가정은 기존의 두 관계가 결합한 가족을 말한다. 사라는 말한다. "저는 가족이 우리가 흔히 정의하는 그런 거라고 배웠어요. 가족이 무엇을 의미하는지는 아무도 말할 수 없어요. 저는 부모가 네 명이 되었고, 운이 좋다고 생각하려고요." 사라에게 이것은 좋은 경험이었다. 그런데 조슈(15세)에게는 그렇지 못했다. "왜 제게는 선택권이 없는 거죠? 엄마 아빠도 선택을 하고 각자의 남자 친구와 여자 친구도 선택을 했는데, 나만 선택권이 없었어요. 이제 저는 그저 '한배에 올라타서' 엄마 아빠도 아닌 이 새로운 두 사람을 사랑하고 좋아하는 척해야 되는구나 싶었죠. 그 사람들을 엄마 아빠처럼 대해야 한다는 건데, 정말 말도 안 돼요."

아이들마다 혼합 가정을 다르게 경험할 것이다. 청소년을 보살피고 지원하는 우리 어른들에게 중요한 것은 혼합 가정에서 생활하는 청소년들이 상당 비율을 차지한다는 점, 그리고 그런 환경이 청소년에게 갖가지 문제를 일으키는 심각한 스트레스 요인이 될 수 있다는 사실을 분명히 인식해야 한다는 점이다.

한 부모 가정

미국에서는 현재 청소년의 약 34퍼센트가 한 부모 가정에서 생활한다. 비전통적인 가족 환경에서 생활하는 많은 청소년이 그렇듯이, 종종 이런 환경은 청소년에게 이전 환경보다 더 좋을 수도 있다. 하지만 한 부모가 두 사람 몫의 일을 감당해야 하는 압박감은 한 부모나 자녀 모두에게 엄청난 타격을 준다. 나 역시 자녀를 양육하는 데 필요한 수많은 책임을 나눠 질 다른 어른이 우리 집에 없었기에, 어머니 혼자 너무 많은 일과 스트레스를 겪는 것을 보고 자랐다. 지금 나는 결혼해서 두 자녀를 키우고 있는데, 어머니 혼자 그 모든 일을 어떻게 해내셨는지 모르겠다. 나는 모든 한 부모에게 깊은 존경심을 품고 있다. 많은 사람이 한 부모가 되겠다고 선택한 것은 아니지만, 자신과 자녀들에게 더 낫고 안전한 환경을 만들어 주기 위해 그런 선택을 하지 않을 수 없었을 테니 말이다.

조손 가정

2016년, 퓨 재단[10]은 청소년 290만 명이 조부모에 의해 양육되고 있다고 보고했다.[11] 힐다는 딸이 재활 센터를 들락거리고 있기에 자기라도 손주들에게 일정한 안정감을 주어야 한다고 생각했다. 그래서 힐다는 손주들을 자기 집으로 데려갔고, 딸과 함께 손주들의 양육권을 떠맡았다. "청소년이 된 아이들을 키운다는 건 정말 힘겨운 일이죠. 나를 위해 더 많은 시간을 가질 거라 꿈꾸었던 인생 황금기에 다시 그 일을 떠맡아야 한다는 건 생각해 본 적도 없고요. 로이 선생님,

오해하지 마세요. 저는 손주들을 제 아들딸처럼 사랑해요. 하지만 저는 엄마로서가 아니라 할머니로서 손주들을 사랑해 주고 싶어요. 그게 그 아이들에게 힘겨운 일일 수 있다는 거 알아요. 하지만 중학교에 다니는 아이들을 감당하기에는 너무 벅차요. 손주들이 고등학교에 들어가서 제가 학교 행사에 가야 한다면, 그런 일이 아이들에게 얼마나 당황스러운 일일지 생각만 해도 두려워요."

지금 나보다 달리기도 잘하고 더 많은 일을 하고 있는 조부모가 많다는 걸 안다. 그러나 어린이 또는 청소년과 일정한 경계를 만들고 유지하기는 정말 힘들다. 대부분의 청소년들은 건강한 친부모나 입양되어 만난 부모님에 의해 양육되기를 원하는데, 부모의 사망, 신체적 질병, 심각한 정신질환 또는 부모 역할을 효과적으로 할 수 없는 상태 같은 다양한 이유로 가정이 그런 환경이 되지 못할 때, 청소년들은 엄청난 영향을 받는다.

동성 결혼과 관계

청소년 20만 명 정도가 동성 커플로 이루어진 가정에서 생활하고, 미국에서 200만에서 370만 명 사이의 청소년이 스스로 LGBTQ라고 생각하는 한 부모와 살고 있다.[12] 어떤 청소년은 나에게 이렇게 말했다. "아빠와 파트너가 함께 지내고 두 사람이 제 부모 역할을 해 주는 건 뭐 괜찮아요. 가끔 약간 이상하고 당황스러울 때도 있지만요."

~~~~~~~~~~~~~~~~~~

'가족'이라는 개념은 현재의 제트Z 세대에게뿐만 아니라 그들 이전의 밀레니엄M 세대에게도 급격하게 재정의되고 있다. 많은 사람이 가족은 혈연관계를 초월하며, 가정이라는 물리적인 경계와 혈연관계를 넘어 확대되고 있다고 생각한다. 확실히, 새롭게 부상하는 이러한 현실에는 긍정적인 점이 있다. 예컨대, 존의 부모님이 다투고 있을 때, 그는 친구들, 즉 위기 상황에서 지원을 얻을 수 있는 '두 번째 가족'에게 도움을 청할 수 있다. 존은 말한다. "나는 엄마와 아빠를 사랑해요. 하지만 의지가 되진 않아요. 그들이 언제 폭발할지, 무엇 때문에 폭발하는지 알 수 없거든요. 그럴 때는 친구들을 찾아갈 수 있어요."

청소년들은 친구가 가장 의지가 된다고 하지만 거기에는 분명한 한계가 있다. 아이들은 당연히 부모에게서 벗어나 또래 친구들에게 의존하려 한다. 그러나 특히 발달 시기상 불안하게 요동치는 기분과 정체성의 변화를 겪는 사춘기 또래에게 너무 깊이 의존하면 문제가 발생하곤 한다. 사춘기의 우정은 때로 너무 빨리 예기치 않게 변해서, 상처 입기 쉬운 십 대 청소년이 실망이나 좌절감, 고립이라는 참담한 감정 상태에 무방비로 노출될 수 있다. 케이티는 말한다. "저는 정말 친구들을 믿을 수 있다고 생각했어요. 그들 역시 나를 믿는다고 확신했고요. 그러나 친구들이 정말로 필요했을 때, 그들은 제 곁에 없었어요." 성인으로서, 사춘기 청소년이 제공할 수 있는 정서적 여유가 제한되어 있다는 사실을 쉽게 이해할 수 있다. 그러나 청소년들에게 그런 일은 뒤통수를 맞은 것과 같다. 이런 일이 일어나면, 청소년들은 세상이 무너지는 기분이 들 것이다.

희망을 품을 이유가 있을까?

청소년 관련 통계들을 보고 있으면 가슴이 철렁 내려앉고 정말 두렵기까지 하다. 그 통계 수치들은 특히 청소년들을 보살피고, 함께 살고, 함께 활동하려는 우리를 고통스럽게 한다. 그러나 우리는 청소년을 도우려고 하는 유일한 사람이 아니고, 또 희망이 없는 건 아니다.

성경의 돌아온 탕자 이야기의 핵심 내용을 잘 알고 있을 것이다. 독립을 원했던 소년은 아버지에게 돈을 달라고 해서는 집을 떠나 떠돌아다닌다. 현실의 온갖 곤경을 겪은 끝에 아들은 집으로 돌아온다. 형은 질투심에 가득 차 뒷전에 물러서 있었지만, 아버지에게는 용서받는다. 내가 수십 년 동안 읽은 이야기다. 그러나 이 이야기에서 내가 늘 빼먹곤 하는 대목은, "그가 아직도 멀리 떨어져 있을 때에 아버지가 그를 보고 … 달려가"(루카 15,20)이다.

이 이야기를 들을 때마다 나는, 아버지는 좋아하는 취미에 몰두해 있고 누더기 꼴의 아들이 아버지 뒤에서 등을 두드리고는 두 사람이 포옹하는 장면을 상상했다. 그러나 성경은 아버지가 아들을 기다리고, 찾고, 어쩌면 아들의 도착을 예상하기까지 했다고 암시한다. 아버지는 늘 주시하고 있었고, 아들이 보이자 그에게 달려갔다.

우리의 하느님은 운동화를 신고 계신 분이다. 우리가 지치고, 낙담하고, 용기를 잃고, 슬퍼하고, 상처받고, 녹초가 되기 훨씬 이전부터, 그러는 동안, 또는 그 이후에도 하느님은 '우리 아이들'이 당신의 최우선이었다는 것을 우리에게 상기시키신다! 이 성경의 이야기는 전지전능한 하느님이 희망을 저버리기를 거부하고 낙담하기를 거부하신다면, 우리도 그래야 한다는 사실을 상기시킨다.

이러한 통계 수치들은 현실을 나타낸다. 이러한 문제들 역시 현실이며, 우리는 현재 여러 방면으로 문제를 개선할 수 있는 방법을 찾기 위해 고군분투하고 있다. 하지만 이것이 희망을 잃거나 낙심할 이유가 되지는 않는다. 우리는 현실을 인정한다. 그리고 우리는 우리가 가진 자원과 재능을 총동원하여 우리 마음 안에 있는 하느님의 은총과 협력하기 위해, 마찬가지로 우리가 양육하고, 가르치고, 감독하고, 보살피고, 봉사하는 청소년들에게도 담겨 있는 은총과 협력하기 위해 우리가 할 수 있는 일을 한다.

당신이 이 싸움에 참여할지 말지 고심 중이라면, 다음 장인 「내가 개입해야 할까?」를 읽고 결정하는 게 좋겠다.

2. 내가 개입해야 할까?

나는 가톨릭 고등학교에서 2년째 학교 사목 프로그램을 열고 지도하고 있었다. 어느 날 오후, 교실에 혼자 있는데 멘토인 댄이 들어왔다. 주님의 인도로 댄과 나는 댄이 설립한 팍스 재활 센터에서 상담사로 일하고 있었다.

그날 나는 고심하던 문제로 정말 고통스러워하고 있었다. 나는 울고 있었다. 댄이 "도대체 무슨 일이에요?"라고 물었다. 나는 훌쩍이며, "대체 내가 뭘 하고 있는 건지 모르겠어요"라고 대답했다. "학생들은 나를 싫어하고, 그들에게 아무것도 가르칠 수가 없어요. 학생들이 제 프로그램에 등록도 하지 않으니 완전히 실패자가 된 것 같아요. 청소년들과 함께하는 일이 제게 맞지 않는 것 같아요. 볼릭 박사와 마이크 키프 선생님(둘 다 베테랑 교사다)을 보니, 그분들은 자신이 무엇을 하고 있는지 정말로 잘 알고 있더라고요. 그분들은 아이들을 돕고 있어요. 학생들은 그분들을 좋아하고, 그분들은 아이들과 잘 통하는 것 같아요. 저는 절대 그렇게 하지 못할 거예요."

댄은 늘 그랬듯 한결같은 미소를 지어 보였다. 그 미소는 아빠처럼, '나도 그랬지. 이런 일이 나쁜 것처럼 보이지만, 곧 지나갈 거야'라는 의미를 전하는 듯했다. "로이, 그분들은 이 일을 수십 년 동안 하셨어요. 이 학교에는 이미 볼릭 박사와 마이크 키프 선생님이 있지요. 그 선생님들과 똑같은 사람을 원하는 게 아니에요. 학교가 필요로 하는 사람은 로이 당신이에요."

댄의 말은 간단해 보이지만, 나에게 희망과 자신감을 심어 주었다. 댄이 말을 이었다. "내일 만나서 더 자세히 이야기 나누고, 일을 좀 더 편하게 할 수 있게 조정할 사항이 있는지 알아봅시다."

그 일이 있은 뒤, 우리는 많은 이야기를 나누었다. 나는 나 자신에 대해서도 많은 걸 알게 되었고, 청소년들에게 효율적으로 다가갈 수 있는 방법을 배웠다. 대개는 수없이 많은 실수를 통해서 배웠고, 그 가운데 몇 가지는 지금 생각해도 얼굴이 화끈거린다. 내가 지도했던 피정 팀에서 정한 금주 계약에 서명을 하고도 파티에서 (취하지는 않았지만) 술을 마셨다는 이유로, 그 아이를 복도로 끌어내 소리 지른 일 같은 거 말이다. 나는 그 학생을 당혹스럽게 하는 데 그치지 않았다. 나는 그에게 망신을 주었다.

당신 역시 실수를 하게 될 수도, 이미 실수를 저질렀을 수도 있고, 그 일로 그만두거나 포기하고 싶은 유혹을 느낀 적도 있을 것이다. 하지만 하느님께서는 자격을 다 갖춘 사람을 부르지 않는다는 사실을 명심하자. 하느님은 부름받은 자에게 자격을 부여하신다. 내 인생에는 나를 긍정해 주고, 나에게 힘을 북돋워 주고, 청소년들의 여정을 더욱 효과적으로 동반하는 데 도움을 주는 귀중한 수단이나 정보, 묘책을 제공해 준 많은 '댄'이 있었다.

『가톨릭교회 교리서』는 이렇게 명시한다. "하느님을 향한 갈망은 인간의 마음속 깊이 새겨져 있다"(27항). 나는 이 문장에서 위안을 얻는다. 내가 한때 청소년들에게 했던 방식을 보면, 당신은 어떤 위안도 찾을 수 없을 것이다. 나는 청소년의 마음속에 하느님을 집어넣는 게 내 일인 양 행동했었으니까.

우리가 보살피는 청소년들(또는 어린이들)을 '우리' 청소년들이라고 언급하는 것이 때때로 도움이 된다. 우리가 그들을 보호하고, 그들을 돌보고 있기 때문에 그렇게 부른다. 그들이 우리와 마찬가지로 궁극적으로 하느님에게 속해 있고, 어쩌면 우리보다 더욱 깊이 있다는 것을 기억한다면 그렇게 불러도 괜찮을 것이다. 동시에 하느님은 청소년들에게 하느님께로 돌아오는 유도장치를 심어 놓으셨다.

기억하자. 동반이란 아이들의 마음과 생활 속으로 들어가는 일이고, 그들과 함께 걸으며 위험을 알려 주는 일이며, 때로는 함정에 빠질 수 있는 길을 헤쳐 나가도록 제안하고, 안내하고 용기를 북돋워 주는 일이다.

우리의 일은 그들의 마음에 예수 그리스도를 집어넣는 일이 아니다. 하느님이 이미 그곳에 계시다는 것을 깨닫게 하고, 그들 안에서 속삭이는 주님의 작은 목소리를 듣지 못하게 방해하는 혼란스러움, 마음속 찌꺼기, 다른 장애물을 제거하도록 돕는 일이다.

신앙은 유연성이 필요한 근육

나는 종종 질문을 받는다. "로이 선생님, 선생님은 어린 친구들이 벌이는 난장판 속으로 어른들이 들어가는 것에 왜 그토록 열심이신 거죠? 그런 일은 정신과 의사나 상담사에게 맡기면 되잖아요? 그게 그 사람들이 해야 할 일이고요."

물론 합당한 질문이다. 이 문제는 9장 「보다 전문적인 도움 주기」에서 더 깊이 다룰 것이다. 나는 성직자들이나 자원봉사자들을 심리 치료사나 사회복지사로 만들려고 하는 건 아니다. (당신이 원하는 것도 그게 아닐 것이다. 혹시 그렇다면 그런 일을 하는 데 필요한 정규교육이나 훈련을 찾아보는 게 좋다.) 신앙인인 우리가 이 난장판 속에 들어가려는 이유는 다음과 같다고 확신한다.

- 예수님은 우리를 위해 이런 일에 모범을 보여 주셨다.
- 예수님은 우리에게 그 일을 요청하신다.
- 이런 일은 정말 필요하다.
- 우리가 돌보는 많은 청소년은 우리의 도움 없이는 결코 정식 심리 치료를 받지 못할 것이다.
- 가장 중요한 것으로, 난장판 같은 생활에 우리가 개입하는 일은 그들에게 그들은 사랑받을 만한 사람이라는 것뿐 아니라, 하느님이 그들을 열정적으로 사랑하고 있다는 것을 전해 준다.

우리는 동정심 가득하고, 기술로 무장하고, 우리의 역할을 이해하고, 건강한 경계를 유지하는 사목자다. 이러한 사목자로서 우리의 증언은 청소년이 인생의 힘겨운 시기를 보내고 있을 때 아주 특별한 방법으로 하느님의 현존을 경험할 수 있게 한다. 때로 청소년들은 혼란한 상황 중에서도 가장 혼란할 때 이루어진 하느님과의 만남을 인식하지만, 그들이 힘들었던 시기를 돌이켜 볼 때 우리가 함께한 동행 속에서 하느님을 더 자주 만난다.

여러모로 우리는 청소년들에게 무작정 믿으라고 강요하기도 한다. 예수에게 목숨을 바치는 것은 위험하다. 그것은 안전하지도 않고 좋은 방법도 아니다. 그런데 청소년 사목을 하다 보면, 모든 위험을 완화시키거나 제거하고, 알 수 없는 것을 피하고, 무슨 수를 써서라도 엉망진창인 상황을 피하고 싶은 유혹이 스며든다. 현실적으로 재정적 책임도 있다. 우리는 우리에게 주어진 자원을 잘 활용해야 한다. 그러나 이런 자원은 복음에 봉사해야 한다. 안전에 대한 욕구가 더 우선시되어서 복음으로 충만한 생활을 방해할 때, 부모, 사목자, 사회복지사 또는 교사로서 우리가 하고 있는 일이 사전에 위험을 관리한다는 가치를 지니고 있는지 자문해 보아야 한다.

개입함으로써, 나는 청소년에게 무엇을 증언하려 하는가?

청소년들은 함께 활동하기 쉽지 않다는 것을 그들 자신도 잘 알고 있다. 그래서 청소년들은 우리가 그들과 함께 시간을 보낸다는 것을 알게 될 때, 우리가 하는 일 이면에 더 심오한 이유가 있다는 것을 느낀다. 그들은 때로 자신들이 엉망이라는 것을 안다. 그렇기에 그들은 당신이 그들에게 제공하려는 것이 무엇인지 의식적으로는 인정하지 않을 수는 있지만, 적어도 무의식적으로는 당신이 그들을 위해 시간을 희생하고 있음을 인식하고 이렇게 자문한다. "어른들이 왜 이러지? 그들이 왜 나와 함께 지내기 위해 자신들의 시간을 쓰는 거지?"

이런 질문은 한동안 그들의 마음속에 머무를 것이다. 질문에 대한 대답은 시간이 지나면서 서서히 찾아올 것이다. 그러나 그들과 함께하는 우리의 존재는 그들로 하여금 계속 질문하게 하고 질문에 대해 숙고하게 한다. 이러한 내적 질문들은 청소년들에게 우리가 누구인지, 우리가 왜 존재하는지 그리고 궁극적으로 하느님은 누구신지에 대한 미지의 호기심으로 이끈다. 우리의 활동과 증언이 그들에게 정말 도움이 될 수 있을까?

신앙은 관계적이다

가톨릭 신앙은 우두머리 게임이나 혼자만의 일이 아니다. 가톨릭은 본질적으로 관계적이다. 육화의 신비가 가톨릭을 관계적으로 만든다. 예수님은 막강한 힘을 지닌 그리스 신, 고립된 자아도취적인 신, 또는 그 자체로 완벽하게 멋진 반신반인의 모습으로 세상에 오시지 않았다. 예수님은 가족, 지역사회, 종교 그리고 신앙 공동체 속으로 들어오셨다. 예수님은 당신의 삶을 이웃들과 공유했고, 이웃들은 예수님과 어울렸다. 예수님에게서 우리는 신앙의 관계적 본성을 본다.

우리가 청소년들과 관계를 맺어 나갈 때, 비록 그렇게 느껴지지 않더라도, 우리는 우리 믿음의 심장부에 깊이 새겨진 현실을 실제적인 방식으로 증거하고 있다. 즉, 하느님은 관계를 통해서 관계 속에서 우리에게 오신다는 현실이다. 우리는 관계가 하느님의 본성 자체라고 믿고 있다. 하느님은 복된 삼위일체로서 완전한 친교를 이루며 결합되어 있는 별개의 세 위격으로 존재하신다는 사실을 믿는다. 그리고 우리는 '하느님은 사랑이시다'라고 말한다. 사랑 아닌 최상의 관계란 무엇이란 말인가? 우리가 부모로서, 지도자로서 우리가 돌보는 아이들 또는 청소년들과 진정한 관계를 맺을 때, 우리는 삼위일체 하느님의 삶에 실제적인 방식으로 참여하게 된다.

나를 흥분시키는 것은 바로 이것이다. 나는 내 영성을 하느님과 나 사이의 개인적인 일로 여기려는 함정에 빠지곤 했다. 그런 때는 개인적 거룩함이나 성장을 위한 나의 노력이 가장 중요한 것처럼 행동한다. 그런데 그리스도교 역사에서 이것이 진실이라는 증거는 거의 없다. 사실 그 반대가 진실이다. 역사상 가장 위대한 성인 대부분은 그들 삶과 영성에 다른 사람들과의 깊은 유대가 깔려 있었고, 종종 그들은 자신을 예수 성심께 더 가까이 인도한 다른 이들에게 공로를 돌렸다. 우리가 하느님을 만나고 알게 되는 일은 서로 안에서, 그들과 함께하면서 일어난다.

'가서 엉망으로 만들자'

프란치스코 교황은 선출된 지 얼마 되지 않아 세계청년대회에서, 청소년들에게 "집으로 돌아가 엉망으로 만드십시오"라고 말했다. 교황은 청소년들에게 본당 생활에 참여하여 더 적극적으로 목소리를 내고 본당을 뒤흔들어 놓으라고 격려하셨다. 그는 청소년들에게 사각지대, 즉 그들 지역 공동체에서 보이지 않았던 부분이나 충족되지 않았던 요구를 지적하라고 요청했다. 근본적으로 교황은 청소년들에게 집으로 돌아가, 본당 사목자나 직원들이 평소처럼 업무를 하는 것이 힘들 정도로 뒤흔들어 놓으라고 응원했다.

프란치스코 교황은 제도 교회 대부분이 난장판을 좋아하지 않는다는 사실을 알고 있다. 가톨릭은 교구와 지역 및 본당에 조직과 인력을 배치해 사목과 본당 생활을 단정하고 깔끔하게 유지하려고 한다. 이렇게 하는 데는 많은 장점이 있다. 확실하게 구분된 영역과 질서 그리고 지침은 신자들에게 안전과 안정감 그리고 예측 가능성을 준다.

그러나 때로는 그것이 너무 과할 수 있다. 성부 하느님께서 우리에게 직시하라고 요구하시는 것은 바로 이것이다. 질서, 일사 분란함, 명확한 경계 그리고 모든 선하고 자연스러운 인간과 조직을 통제하려는 욕구가 교회 생활의 여러 분야에서 다른 중요한 욕구들보다 우선시되면 성령을 숨 막히게 한다. "성령은 불고 싶은 데로 분다"(요한 3,8 참조). 그리고 때로 성령은 제멋대로다.

나는 엉망인 상태를 싫어한다. 통제를 좋아하는 타고난 천성 때문이든 강박증의 일부든, 나는 깔끔하고 단정하게 정돈되어 있는 상태가 좋다. 마무리되지 않은 일을 걱정하는 게 싫다.

학교에서 일하던 2년 차에, 봉사 활동을 위해 많은 학생과 함께 멕시코에 간 적이 있다. 이 여행에 참여할 학생들을 '통제 가능한' 규모로 줄이려 했지만, 신청 학생이 너무 많아서 내 통제 능력을 뛰어넘었다. 55인승 버스 한 대를 넘어, 버스 두 대에다, 몇몇 부모님은 비행기를 타고 오기까지 했다. 총 120명에 이르는 사람들이 외국에 가게 되었다.

멕시코로 향하던 중, 부모님 한 분이 내가 스트레스를 받고 있다는 것을 눈치챘다. 그는 얼음장같이 차가운 사람 같아 보였다. 그가 "로이 선생님, 왜 그러세요?"라고 물었다.

"아무것도 아니에요." 나도 모르게 거짓말을 하고 있었다.

"저를 속일 수 없어요. 선생님이 긴장한 게 보여요."

"무슨 말씀이죠?" 내가 물었다.

"글쎄요, 선생님은 숨 쉬기도 힘들어하잖아요. 보통 때처럼 편안해 보이지 않아요. 무엇에 그렇게 스트레스를 받는 거죠?"

"시간이 얼마나 남았죠?" 나는 농담조로 물었다.

"어디 보자, 한 열 시간 이상 남았네요." 그가 말했다.

"이 많은 아이를 저 혼자 책임져야 한다니, 무슨 일이라도 생기면 어쩌죠?"

"네, 그럴 수 있죠."

"네?"

"재수 없으면, '안 좋은 일'이 일어날 수 있겠죠. 내 말은, 저들은 십 대니까요."

"무슨 뜻입니까?"

"십 대 아이들이니 어리석은 일을 저지를 수도 있고, 그래요, 나쁜 짓이나 아무 생각 없이 일을 저지르기도 하죠. 통계적으로, 그러니까 제가 숫자를 좀 아는 사람인데, 숫자상으로는 어떤 일이 잘못될 가능성이 더 많아요."

"그래요 … 저도 알아요."

"그게 뭐가 그렇게 나쁜 겁니까?"

"제 입장이 곤란해질지도 모르죠. 어떤 일이든 잘못되지 않도록 막는 게 제 일이니까요."

그는 내게로 몸을 기울이며 말했다. "로이 선생님, 불쾌하게 들릴지도 모르겠지만, 선생님은 하느님이 아니에요. 선생님은 전지전능하지 않아요. 게다가 십 대 아이들과 함께하는 활동에서 아무 문제가 일어나지 않기를 기대하는 사람은 없어요. 그러니 그냥 '십 대들은 좀 제정신이 아니다'라고 생각합시다."

나는 그의 말뜻을 받아들이며 웃었고, 그 말에 편안해졌다.

그가 말을 이어 갔다. "십 대들은 원래 엉망이잖아요. 제한적이지만 제 경험상 사목도 원래 엉망이에요. 제 말은, 성경을 보더라도, 하느님이 어떤 일에 개입하실 때마다 그 일을 엉망으로 만드시는 거 같더라고요."

"저도 압니다. 제가 두려워하는 게 바로 그거죠."

"처음부터!"

"네?"

"애초부터 그런 거라고요. 전체는 변화로 가득 찬 거니까, 태초부터 엉망이었어요. 하지만 모든 사물이 차분해지고 나면, 내가 본 바로는, 모든 게 전보다 나아지더라고요. 어쩌면 더 무섭고 덜 확실할지는 몰라도, 달라지고 더 좋아진다는 거예요. 선생님은 저보다 성경을 더 잘 아실 테니, 그렇지 않나요?"

"예, 맞는 말씀입니다."

"고맙습니다! 제 아내는 절대 제 말에 동의해 주지 않거든요. 가끔 그런 말을 들으면 기분 좋아요." 그가 말했다.

나 역시 같은 생각을 하며 웃었다.

그의 말은 나에게 큰 교훈이 되었다. '현실의 십 대 + 하느님 = 엉망진창.' 그러나 그 엉망진창은 뭔가가 잘못되었음을 나타내는 게 아니라 (늘 그런 건 아니지만) 종종 어떤 선한 일이 일어나고 있음을 나타내는 표지다.

바로 앞 장에서 보았듯이, 눈을 크게 뜨고 오늘날의 십 대들이 정말 아프고 우리의 도움을 필요로 하고 있다는 사실을 깨닫는 것보다, 집에 앉아 스마트폰 앱이나 게임에 빠져 지내는 것이 훨씬 쉽다. 그렇다. 그 일은 엉망진창인 데다, 마주하기 두렵기도 하다. 그러나 대안은 무엇인가? 아무 일도 하지 않기? 아무 일도 일어나지 않는 척하기? 하느님께서 이런 일에 더 적합한 다른 사람을 보낼 주실 거라 생각하기? 이런 반응들이 우리 교회에서 날마다 일어나고 있지만, 그런 대응으로 십 대들은 조금도 달라지지 않는다.

솔직히 말하면, 나는 십 대들의 현실 삶에 개입하여 엉망의 일부가 되는 걸 싫어한다. 상담을 하고, 기도하고, 일지를 작성하고, 그 일에 대해 고심하고, 힘겨운 대화를 나누고, 부모에게 전화하고, 그들과 함께 울고 웃고, 그들에게 맞서고, 충족되지 않을 기대를 품고, 그들 때문에 실망하고, 그들 때문에 화를 내야 하는 게 싫다. 하지만 그게 우리가 감당해야 할 일이다. 그리고 십 대들은 어느 정도는 그게 우리가 해야 하고 감당해야 할 일이라는 걸 이해한다. 한 아이가 나에게 "선생님은 미쳤거나 바보거나 아니면 영웅이에요. 어느 쪽인지는 아직 모르겠지만요"라고 말한 것처럼 말이다.

연민의 힘

예수님의 활동을 보고 있노라면, 예수님은 사람들에 대한 연민으로 가득 차 있었음이 분명하다. 심리 치료 분야에서, 감정이입은 잘 알려진 개념이다. 대학원에 다닐 때, 감정이입하는 방법, 다른 사람 입장에 서 보는 방법, 당사자와 똑같은 상황에 놓여 있다면 어떻게 느끼고 생각하고 행동해야 할지에 대해 생각하는 방법을 배웠다. 감정이입은 학습될 수 있는 놀라운 선물이자 기술이다.

그러나 청소년을 돕는 일을 하다 보면, 훈련이나 재능에도 불구하고, 우리가 원하는 정도까지 다른 사람에게 공감하지 못할 때가 있다. 에너지나 개인적 경험이 부족해서, 다른 사람이 겪고 있는 것을 이해할 수 없는 것처럼 느껴질 때도 있다. 그럴 때 우리는 연민이라는 미덕의 도움을 받아 더 잘 봉사한다.

연민과 공감은 종종 서로 바꿔 쓸 수 있는 말로 활용된다. 엄밀하게 말해서, '공감'(empathy)은 더불어 느낀다는 것, '연민'(compassion)은 함께 고통을 겪는다는 것을 의미한다. 우리가 공감을 지니고 한 일에 정서적인 보상을 얻는 게 아니므로, 연민은 하나의 미덕인 듯하다. 누군가에게 또는 특정 상황에 대해 공감할 때 돕는 일이 훨씬 쉽다. 마음속으로 우리는 '나도 그래 본 적이 있고, 그게 나였다면 나 역시 그렇게 하고 싶었을 거야 …'라고 생각한다. 공감에는 동기를 부여하는 에너지가 있다.

한편, 연민은 마음의 움직임일 뿐만 아니라 의지의 움직임이다. 당신이 하기 싫을 수도 있고, 그 사람이나 상황에 공감하지 못할 수도 있으므로, 연민은 의지의 시험이다. 마더 테레사가 "우리는 상처받을 때까지 사랑해야 합니다"라고 말했을 때의 사랑이 바로 이런 유형의 사랑이다.

본질적으로, 연민은 내가 상황을 바로잡을 수는 없다 하더라도, 다른 사람과 함께 있어 주고, 다른 사람과 함께 '고통스러운' 상황 속으로 들어가기로 선택하는 것을 의미한다. 개인적으로, 나는 고치는 것을 좋아한다. 내 일은 '고치는' 것이다. 물론 우리는 우리가 하고 있는 일을 '고친다'고 부르지 않는다. 우리 대부분은, 특히 내담자들이 자신을 고쳐 달라고 말할 때, 이 '고친다'는 단어를 끔찍하게 싫어

한다. 그러나 내가 하는 일이 십 대의 상황에 변화를 만들 때 이 일을 좋아한다는 것을 인정하지 않는다면 그것은 거짓말일 것이다. 나는 고치는 것을 좋아한다. 어쩌면 당신도 그럴 것이다.

수년 동안 사목자, 교육자, 부모들과 함께 일하면서, 나는 우리가 고치는 사람이라는 것을 알게 되었다. 부모로서, 이런저런 지점에서 우리 자녀들을 '교정하고' 싶어 하지 않는 사람은 없다. 교정하는 일은 좋을 수도 있고 나쁠 수도 있다. 네 살짜리 아이의 무릎에 난 상처를 낫게 해 주는 일 정도라면 좋지만, 수업 시간에 폭탄을 터뜨리지 않도록 하기 위해 중학생 아이의 숙제를 대신해 주는 건 지나친 일이다.

교정하려는 사람에게, 연민은 어려운 일일 수 있다. 우리가 변화를 만들고 있다고 느낄 때 얻는 좋은 감정을 얻지 못하기 때문이다. 종종 우리는 우리가 동반하려는 사람의 고통을 공유하면서 안 좋은 감정만 느낄 것이다. 이것은 긴 세월에 걸쳐 고통스럽게 얻은 교훈이며, 나는 여전히 배우고 있다. 상담사로서 내가 개선할 수 없는 상황에 처한 청소년이 종종 있다. 나는 그런 상황을 고칠 수 없고, 청소년들에게 그런 상황을 고칠 수 있는 방법을 말할 수도 없다. 내가 할 수 있는 유일한 일은 그런 상황을 겪고 있는 청소년들과 함께 있어 주는 일이며, 그들이 그런 상황에서 벗어나 스스로 선택할 수 있을 만큼 나이가 들 때까지 버틸 수 있게 도와주는 것이다. 그런 일은 긴 여정이다. 때로 몇 년이 걸릴 수도 있다. 당연히 기분 좋은 일도 아니다. 솔직히, 청소년들에게 함께 버텨 주어서 고맙다거나, 그런 상황에서 함께 있어 주는 게 얼마나 엄청난 일이었는지, 희망을 놓아 버릴 유혹에 사로잡힐 때마다 내 존재가 얼마나 도움이 되었는지 말해 주는 편지 한 장 받아 본 일이 없다.

하지만 나는 청소년들의 삶 속에 개입하여 그들 곁에 있으면서 변화를 만드는 사람들에 관한 이야기를 들어 왔다. 나는 날마다 당신에 관한 이야기를 듣는다. 정서적으로 롤러코스터를 타는 청소년들 곁에서 끈기 있게 버텨 준 부모들, 상황이 나아지지 않고 있다는 사실을 알지만, 십 대들에게 그 상황에 대해 이야기할 기회를 주고, 그 아이들을 위해 기도해 주고 염려해 주는 사람이 있다는 걸 알게 해 주는 사목자들, 잠깐이라도 짬을 내서 청소년들의 기분을 거스르지 않으면서 어떻게 지내는지 물어보는 교사들에 대한 이야기를 듣는다. 나는 늘 당신과 같은 영웅에 관한 이야기를 듣고 있다.

분명히 문제는 거대하다. 현재 청소년들이 처한 상황이 드러내는 현실과 통계를 보며 낙담할 때가 많다. 청소년을 만나면서 자주 겪는 일이지만, 한번은 내가 집과 가족을 떠나서 오랜 시간을 보냈는데도 아무 '성과'도 얻지 못해 회의감을 느꼈을 때, 친구 중 한 명이 했던 말이 떠오른다. "로이, 네가 아니라면 누가 하겠어? 청소년의 눈높이에서 바라보고, 그들을 돕겠다는 마음을 품고 있는 사람이 얼마나 되겠냐고? 네가 해야 할 일은 스스로를 바보 취급 하지 말아야 한다는 거야. 더 유능하고 실력 있는 선생이 네 자리를 대신하여 어디선가 기다리기라도 하는 것처럼 생각하지 마."

내게 자격이 있을까?

"하느님은 자격을 갖춘 사람을 부르지 않는다. 그분은 부름 받은 자에게 자격을 부여하신다"라는 사실을 명심하자. 내가 감히 오늘날의 청소년들이 품고 있는 심각한 욕구를 충족시켜 주기 위해 나서도 될까? 그런 과제를 감당하기에 부족하다고 느낄 수도 있다. 매우 자주 하느님은 우리 마음에 갈망을 불어넣으시는데, 우리는 기술, 자원, 교육이나 훈련이 부족하다는 이유를 들며 그런 갈망을 따르지 않는 것을 합리화한다. 그런 것들도 중요하다. 하지만 당신의 마음에 우리의 젊은 교회를 동반하려는 갈망이 없다면, 그런 도구들은 그저 수단에 불과할 뿐이다. 이러한 도구들은 그것을 올바르게 활용하겠다는 종의 마음 없이는 아무 일도 해낼 수 없다.

핵심 내용

- 젊은이들 또는 십 대들을 일깨우고 그들과 함께 활동하는 일은 쉽지 않다. 십 대들은 본성적으로 엉망이기 때문에 이 소임 자체가 엉망진창이다.
- 십 대를 돕는 일은 관계를 형성하고 그들의 엉망진창인 삶 속에 들어가는 일이다.
- 하느님의 본성은 성부와 성자 그리고 성령의 관계 속에서 명료하게 나타난다. 예수님은 관계적이고 우리를 위해 육화의 신비

를 드러내시며 사목의 모범을 보여 주셨다. 그리고 우리도 서로에게 똑같이 하라고 요청하신다.

- 연민과 보살피려는 마음을 지닌 사람에게는 이전 장에서 묘사한 고통을 겪고 있는 청소년들을 도우려는 깊은 갈망이 있다.

- 십 대들을 돕기 위해 시간을 내는 어른들은 십 대들과 함께하는 것이 쉽지 않다는 사실을 깨달아야 한다. 그래야 그들이 시간과 노력을 쏟을 만한, 그리고 무엇보다 사랑받을 만한 가치가 있는 사람임을 보여 줄 수 있다.

- 십 대 그리고 그 부모와 기꺼이 관계를 구축하려는 사람들이 없다면, 많은 청소년이 그들에게 절박하게 필요한 정신보건 치료와 보살핌을 받지 못할 것이다.

스스로에게 질문하기

1. 가족 안팎에서 내가 십 대였을 때 나의 안녕에 진심으로 마음을 쓴 사람은 누구였나? 그들의 이름을 일기나 개인 노트에 적어 보자. 잠깐 그 사람들을 떠올리면서, 그들에 관해 가장 분명하게 기억나는 것들을 적어 보자.

2. 그 어른들이 어떤 방식으로 나를 진정 사랑하고 나에게 관심을 쏟고 있다는 것을 증명했는가? 조금 더 깊이 성찰하면서 몇 가지 예를 나열해 보자.

3. 당신에게 자녀가 있다면, 자녀의 생활에 관해 생각하면서, 누가

내 딸 또는 아들의 생활에 영향을 주었는지 숙고해 보자. 그들의 이름을 적어 보자.

4. 3번 문항에 적은 사람들에 대해 생각해 보고, 스스로에게 질문하자. 그들이 내 자녀를 보살펴 주었다는 사실을 어떻게 알게 되었는가? 청소년들의 '엉망'인 생활에 들어가려고 결심한 일에 나는 어떻게 고마움을 표시했는가?

5. 개인적인 삶에서 청년이나 십 대와 교류가 없다면, 공동체 또는 가족 내에서 십 대들과 관계를 형성하는 데 어떤 식으로 참여할 수 있을지 생각해 보자.

영감을 북돋우는 기도

무슨 일이든지 경쟁심이나 허영으로 하지 말고 겸손한 마음으로 서로 남을 자기보다 낮게 여기시오. 각자 자기 일만을 돌보지 말고 서로 남의 일도 돌보아 주시오. 여러분은 그리스도 예수 안에서 품어야 할 생각을 서로 품으시오. 그분은 하느님의 모습을 지니셨지만 하느님과 같음을 노획물인 양 중히 여기지 않으시고, 도리어 자신을 비우시어 종의 모습을 취하셨으니 사람들과 비슷하게 되시어 여느 사람 모양으로 드러나셨도다.

— 필리 2,3-7

그때에 임금은 자기 오른편에 있는 사람들에게 말할 것입니다.

"내 아버지의 축복을 받은 사람들아, 와서 세상 창조 때부터 너희를 위하여 마련해 둔 나라를 상속받아라. 사실 너희는 내가 굶주렸을 때에 내게 먹을 것을 주었고, 내가 목말랐을 때에 내게 마시게 해 주었다. 나그네 되었을 때에 나를 맞아들였고 헐벗었을 때에는 내게 입혀 주었다. 병들었을 때에 나를 찾아왔고, 감옥에 갇혔을 때에도 내게로 와 주었다." 그때에 의인들은 그분께 대답하여 이렇게 말할 것입니다. "주님, 저희가 언제 주님께서 굶주리신 것을 보고 잡수시게 해 드렸으며, 목마르신 것을 보고 마시게 해 드렸습니까? 저희가 언제 주님께서 나그네 되신 것을 보고 맞아들였으며, 헐벗으신 것을 보고 입혀 드렸습니까? 저희가 언제 주님께서 병드셨거나 감옥에 갇히신 것을 보고 주님을 찾아갔습니까?" 그러면 임금은 대답하여 그들에게 말할 것입니다. "진실히 너희에게 이르거니와, 너희가 이 지극히 작은 내 형제들 가운데 하나에게 해 주었을 때마다 나에게 해 준 것이다."

— 마태 25,34-40

회식 중에 있었던 일이다. 악마는 이미 시몬 이스카리옷의 아들 유다의 마음속에 예수를 넘겨줄 생각을 심어 놓았다. 회식 자리에서 일어나 겉옷을 벗어 놓고 수건을 들어 허리에 두르셨다. 그다음 대야에 물을 부어 제자들의 발을 씻어 주고 허리에 두르신 수건으로 닦아 주기 시작하셨다.

— 요한 13,2-5

3. 어떻게 도울 것인가?

청소년들과 관련된 분야에서 활동하는 사람이 많이 있다. 그러나 당신이 아직 이 일에 참여하고 있지 않다면, 우리에겐 당신이 없는 것이다. 교회와 청소년들은 당신을 필요로 한다. 세상에서 당신과 같은 특별한 위치를 차지하고 있는 사람은 없으며, 당신의 통찰력, 미소, 사랑, 당신만의 돌봄 방식이나 지식을 지닌 사람은 없기 때문이다. 하느님은 그런 재능을 주셨고 당신이 그것을 나누기를 원하신다.

당신이 이 장을 읽고 있다는 사실이 반갑다. 그건 어느 정도는 당신이 누군가를 돕고 싶어 한다는 뜻이다. 어쩌면 당신도 나처럼, 청소년들을 동반하는 일을 하면서 도움이 필요하다고 느꼈는지도 모른다. 그것은 정상이고, 어떤 시점에선가 우리 모두에게 일어난다. 그리고 진실은, 우리가 그런 상황에 마음을 연다면, 우리를 돕고 인도하는 다른 어른들과 우리의 보살핌을 받고 있는 청소년들에게서 많은 것을 배울 수 있다는 것이다.

이 장에서 당신에게 필요한 것들을 찾게 되기를 바란다. 긍정,

격려 그리고 무엇보다 어떤 격려의 말보다 더 실용적인 도구를 찾게 될 것이다. 이런 도구들이 당신이 하느님의 사랑과 복음의 구원 메시지로 청소년들을 효과적으로 이해하고, 청소년에게 다가가고, 궁극적으로 그들에게 영향을 미치도록 도와줄 것이다.

나는 서문에서 바르보사 선장이 말한 "확실히 남들이 찾아낼 수 없는 장소를 찾으려면 일단 길을 잃어야 하지"라는 문장을 인용했다. 청소년들을 이해하려 할 때 길을 잃은 것 같다고 느끼는 어른들이 있다. 나는 그들에게 길을 잃은 것 같은 느낌이 그들이 뭔가 잘못하고 있다는 것을 의미하는 건 아니라고 말한다. 그런 일은 종종 아직 길도 나지 않은 울창한 숲속에서 그들이 무리보다 앞서 있음을 의미한다. 당신이 선두에 있다면, 정말로 올바른 방향으로 나아가고 있는지 당신 스스로에게 질문할 수밖에 없다.

그러니 첫 번째 과제는 십 대는 어떤 존재인지 배우는 일이다. 생활 모든 분야에서 그들이 어떻게 성장하고 있는가? 그들이 특히 압박감을 느끼는 일은 무엇인가? 가족 체계는 청소년들의 발달에 어떻게 작동하고 있는가? 하느님의 은총이 이 모든 난장판 속에서도 아들 예수님을 통해 새로운 일을 창조하기 위해 어떻게 작동하고 있는가? 간단하지 않은가?

이 책의 제2부에서 불안과 우울 같은 어려운 문제들을 좀 더 세밀하게 다룰 뿐만 아니라, 청소년들이 신체적, 심리적, 영적으로 어떻게 성장하고 발전하는지 탐구해 볼 것이다. 우리가 행복하고, 경건하고, 건강하고, 성공적인 성인으로 성장해 나갈 수 있도록 청소년들을 동반하려 할 때, 그들이 현대의 어떤 사회 문화적 도전에 영향을 받는지도 검토할 것이다.

어른들이 청소년들을 도우려고 할 때 나의 접근 방식은 '이해하기, 다가가기, 영향 미치기'라는 삼중의 활동으로 이루어진다. 이어지는 장들에서는 오늘날의 청소년들을 이해하고, 종종 냉담하고 시큰둥하고 저항하는 젊은 세대에게 다가가는 데 필요한 기술에 초점을 맞추려고 한다. 마지막으로는, 복음 메시지를 통해 청소년들에게 영향을 미치는 당신의 능력이 그들을 도우려는 당신의 용기와 기꺼이 나서려는 의지와 어떻게 직접적으로 연결되는지 탐구할 것이다.

이해하기 – 새로 배우기

어떤 일에 관해 충분히 이해하지 못한 채 시작했다가 나중에 후회해 본 일이 있다면, 이 부분의 내용이 왜 중요한지 이해할 것이다. 청소년들과 그들이 직면한 문제는 예전과는 많이 달라졌고, 지금도 빠르게 변화하고 있다. 우리가 그 문제들을 완전히 이해하려면, 십 대들의 문화와 그들만이 겪는 독특한 도전에 관해 우리가 알고 있던 기존의 지식을 확장하고 새로운 것을 더하는 것이 최우선되어야 한다.

스트레스 이해하기

우리가 이미 확인했듯이, 청소년들은 전례 없이 어마어마한 양의 스트레스를 받고 있다. 최근의 사회적·정치적 혼란은 말할 것도 없고,

또래 관계, 학교생활, 가족생활, 스펙 쌓기, 경제적 안정 또는 결여 같은 스트레스가 그들의 삶의 모든 면에 스며들어 있는 것 같다. 스트레스가 무엇인지는 6장에서 상세히 알아보고, 오늘날 그렇게도 많은 청소년이 경험하고 있는 건강에 해롭고 유독하며 만성적인 스트레스를 더 잘 이해하는 일이 우리 삶을 위한 하느님의 계획에 어떻게 들어맞는지 또한 살펴볼 것이다. 우리는 청소년들이 건강에 해로운 스트레스를 너무 많이 경험할 때, 스트레스가 그들의 마음과 정신에 어떤 영향을 미치는지, 궁극적으로 평온, 고요, 진정한 행복을 경험할 수 있는 능력에 어떤 영향을 미치는지 논의할 것이다.

불안과 우울 알아채기

우리는 오늘날 엄청나게 많은 청소년이 겪고 있는 두 가지 심각한 정신 건강 문제인 불안과 우울에 관한 경고 신호를 살펴볼 것이다. 스트레스가 어떻게 불안과 우울을 일으키는지와 '이란성 쌍둥이' 같은 이 둘의 독특한 특성에 대해서도 배울 것이다. 둘 중 하나를 방치하면 다른 하나를 유발하고 또한 더 심각한 문제로 발전되기 때문에 이 작업은 매우 중요하다.

성공에 대한 과도한 압박감 피하기

"로이 선생님, 저는 그저 제 아이가 성공하기를 바랄 뿐이에요." 상담을 받든 그렇지 않든, 자녀에 대해 걱정하는 부모에게 종종 듣는 한탄이다. 부모들은 자신이 올바르게 처신하고 있지 않거나 잘못된 행동을 해서 자녀를 망친 건 아닌지 걱정한다. 교육자들도 **빠르게** 변하는 세상에서 성공에 필요한 수단을 청소년에게 제공해야 한다는 비슷하면서도 다른 종류의 압박감에 직면해 있다. 성직자들이나 청소년들을 돌보는 어른들은 청소년들에게 성공으로 이끄는 계획과 균형을 이루면서 그들 생활 속에서 하느님을 받아들이도록 돕기 위해 최선을 다하고 있다. 이 장에서는 '성공'이라는 단어와 그 단어가 청소년들과 그 가족들에게 어떤 의미인지 살필 것이다. 성공에 대한 오늘날의 일반적인 정의가 예수 그리스도의 복음에 비추어 어떻게 비교되는지도 도전적으로 살펴볼 것이다.

다가가기 – 편안해지기

십 대들에게 뭔가 충고했는데 그들이 시선을 피하거나 '네, 하지만 …'이라는 태도를 보인 적이 있는가? (어떤 이유인지 당신의 조언이 효과가 없다는 신호다.) 그런 반응은 당신이 청소년에게 충분히 다가가지 못했거나 연결되지 못했기 때문이다. 가능한 한 많이 그리고 빨리 십 대들을 돕겠다는 열정으로, 우리는 관계가 채 형성되기도 전에 너무 성급하게 충고하려 들 때가 있다. 당신은 틀림없이 "그들이 있는 곳에서 그들을 만나라"라는 상투적인 문구를 들어 보았을 것이다. 이 장에서는 당신이 십 대들에게 다가가려 할 때 도움을 주고, 당신이 효과적으로 십 대들에게 다가갔는지 여부와 시기를 아는 데 도움이 되는 도구들을 제공할 것이다.

가톨릭 신앙이라는 로드맵 활용하기

7장에서는 풍요로운 가톨릭 신앙 전통에서 활용할 수 있는 도구들, 예를 들어 기도, 전례, 공동체, 성사, 훈련 등을 살펴볼 것이다. 오늘날 많은 사람에게 구닥다리로 여겨지는 가톨릭 신앙이 어쩌면 최선의 선택이며, 청소년들이 겪고 있는 심각한 문제를 최소화하기 위한 방어선 최전방에 가톨릭이 있어야 한다는 것을 알게 될 것이다. 불가피하게 표면으로 드러날 갖가지 문제와 스트레스 요인들을 다루고 대처하는 데 어떻게 신앙이 도움을 주는지 탐구할 것이다. 또한 청소년들이 도움이 되는 이러한 신앙 도구들을 그들 생활 속에서 잘 활용할 수 있도록 어떻게 전달할지도 이야기할 것이다.

경청의 기술 배우기

직업이 상담사이니 내가 경청에 대한 장을 쓸 때 가장 좋아했을 거라고 생각할 것이다. 맞다. 이것에 대해서라면 하루 만에 책 한 권도 쓸 수 있다. 틀림없이 가장 중요한 8장에서, 우리 모두가 날마다 하고 있는 것, 즉 보기에는 너무 수동적이어서 아무것도 하고 있지 않는 것 같은 경청이 어떻게 한 청소년의 인생을 진정으로 변화시킬 수 있는지 발견하게 될 것이다.

영향 미치기 – 용기 내기

십 대를 이해하고 그들에게 다가가는 것만으로는 충분하지 않다. 우리의 목표는 예수 그리스도의 복음을 청소년들과 나누고 그들을 돕는 일이다. 이해하고 다가가려는 우리의 노력은 청소년들을 돕고 그들에게 영향을 미치려는 길을 열어 준다.

마지막 장에서는 우리의 관심을 실천적인 행동을 취하는 데로 옮겨, 엉망이고 무질서하고 끔찍하기까지 한 청소년들의 생활 속으로 들어가는 데 필요한 용기에 대해 알아보겠다. 공감과 연민의 미덕이 어떻게 비슷하면서도 다른지, 용감하게 청소년들을 보살피는 어른이 되는 데 이 두 요소가 얼마나 필요한지 논의할 것이다.

보다 전문적인 도움 주기

다른 사람들을 보살피는 일에 관한 이 책의 마지막 부분에서는, 우리 자신을 돌보는 일이 무엇을 의미하는지 알아보는 게 적절하다. "당신이 받지 않은 것을 누군가에게 줄 수 없다"는 오래된 경구는 오늘날에도 딱 들어맞는다. 청소년들을 진심으로 이해하고 그들에게 다가가 영향을 미치기 위해서는, 먼저 적극적으로 자신을 잘 보살펴야 한다. 완벽하고, 한 점 흠이 없고, 고투할 일이 전혀 없어야 한다는 의미가 아니다. 사실, 우리가 최악의 상태에 있다고 느껴질 때 오히려 하느님께서 우리를 통해 강력하게 활동하시는 것 같다.

이 책을 읽는 것만으로도, 당신은 엄청난 발걸음을 내디뎠다. 그렇게나 많은 청소년이 그들에게 필요한 지원을 얻지 못하고, 결국 교회와 하느님에게서 멀어져 간다. 그들이 만나는 어른들이 사춘기의 심리적·영적 발달에 대한 기본적인 이해가 부족했기 때문이다.

핵심 내용

- 당신이 아직 청소년들과 만나 활동하고 있지 않다면, 지금 시작해도 늦지 않다. 그들에게는 당신이 필요하다. 당신은 당신만의 독특한 통찰력, 경험, 재능을 제공한다.

- 오늘날의 청소년들을 돕는 일에서의 핵심은 그들이 직면하는 불안감의 주된 요인 가운데 하나인 전례 없고 큰 해악을 끼치는 만성적인 스트레스를 이해하는 일이다.

- 청소년들과 기꺼이 만나 활동하려는 어른들은 불안과 우울의 징후를 보여 주는 경고 신호를 알아채야 하며, 스트레스가 어떻게 불안과 우울을 만들어 내는지 인지해야 한다.

- 다른 사람들로부터든 자기 자신으로부터든 성공에 대한 다양한 압박감이 어떻게 청소년들에게 엄청난 스트레스를 유발하는지 이해하는 것이 중요하다.

- 청소년들이 건강한 방식으로 성공을 정의할 수 있도록 돕는 일은 복음에 근거해서 이루어져야 한다.

- 친교, 성사, 전례로 구체화되어 있는 우리 가톨릭 신앙은 어려움을 겪고 있는 청소년들을 도울 뿐 아니라, 그들과 함께하려고 애쓰는 어른들의 안녕을 위해서도 필요한 도구가 될 수 있다.

- 연민으로, 판단하지 않고 그저 청소년들의 말을 깊이 잘 들어 주는 것만으로도, 그들의 삶이 크게 달라질 수 있다.

스스로에게 질문하기

1. 젊었을 때 나는 성공을 어떻게 정의했는가? 그 정의가 여전히 유효한가 아니면 자라면서 시간과 경험에 따라 변화했는가?
2. 내가 십 대였을 때 내린 성공에 대한 정의에 누가 가장 큰 영향을 주었는가?
3. 내 인생에서 어른들이 제안한 성공에 대한 생각은 긍정적이었는가 아니면 부정적이었는가?
4. 그 어른들은 내가 성공을 추구하는 데 어떤 방식으로 격려해 주었는가?
5. 지역사회나 본당 청소년들에게 '예전에 십 대'였던 한 사람으로서 어떻게 나의 경험과 통찰력을 나눠 줄 수 있을까?
6. 5번 문항에서 열거한 기회 가운데 하나에 참여하기 위해 나에게 필요한 것은 무엇인가?

영감을 북돋우는 기도

나의 사랑하는 형제 여러분, 이것을 알아 두시오. 모든 사람은 듣는 데는 빨라야 하지만 말하는 데는 더디고 분노하는 데도 더디어야 합니다. 사람의 분노는 하느님의 의로움을 이룰 수 없기 때문입니다.

— 야고 1,19-20

지도력이 없으면 백성이 쓰러지고 조언자가 많으면 안전하다.

— 잠언 11,14

예수의 십자가 곁에는 그분의 어머니와 이모, 클로파스의 아내 마리아와 마리아 막달레나가 있었다. 예수께서는 어머니와 곁에 서 있는 사랑하시던 제자를 보시고, 어머니에게 "부인, 보십시오, 부인의 아들입니다" 하고 말씀하셨다. 그리고 그 제자에게는 "보시오, 당신의 어머니시오" 하셨다. 그래서 그 시간부터 그 제자는 그분을 자기 집에 모셨다.

— 요한 19,25-27

제2부

개입에
필요한
도구들

4. 스트레스 이해하기

존은 자칭 '스트레스 대마왕'이다. 그는 "아빠한테서 물려받은 거 같아요"라고 자주 말했다. "아빠나 저나 왜 그렇게 스트레스를 많이 받는지 모르겠어요."

나는 상담실에 있는 커다란 화이트보드에다 긴 선을 그었다. 한쪽 끝은 '스트레스 없음'이고, 다른 한쪽 끝은 '스트레스 과다'를 나타낸다. 나는 존에게 보드 마커를 들고, 현재 상태와 희망하는 상태를 각각 표기해 보라고 했다. 존은 직선의 양 끝에 점을 찍었는데, 지금 너무 많은 스트레스를 받고 있고, 스트레스가 없는 상태로 가고 싶다는 표시였다.

"너는 지금 여기에 있구나." '스트레스 과다' 쪽을 가리키며 내가 말했다. 그런 뒤 '스트레스 없음'을 가리키며 물었다. "그런데 너는 왜 거기까지 가야 한다고 생각하는 거지?"

"몰라요"(청소년들에게 가장 자주 듣는 말이다). 존이 말했다.

"네가 저기 반대쪽 끝에 있다고 가정해 보자."

"그래요."

"지금은 도달하지 못했지만, 네가 '스트레스 없음' 쪽에 있다면 좋은 건 뭘까?" 대부분의 사람들에게, 특히 청소년에게, 두려움을 인정하는 것은 나약함과 상처받기 쉽다는 표시다. 내가 '가정해 보자'라고 말한 것처럼, 그런 상황을 가정해 보자고 물으면, 청소년들이 좀 더 쉽게 그런 상황을 인정할 수 있다.

"무섭지 않을 거 같아요." 존이 말했다. 나는 자주 그런 응답을 기대한다.

"그래, 그렇지만 네가 그렇다는 건 아니야." 나는 우리가 다른 사람에 대해 이야기하고 있다는 것을 나타내기 위해 막대 모형을 그렸다. 그 모형을 가리키며 다시 물었다. "만약 잭이라는 친구가 여기서 무언가를 '두려워한다면'?" 내가 '스트레스 없음'을 가리키며 물었다. "무엇이 두려울까?"

"항상 저쪽에 있다는 건 어떤 노력도 하지 않는다는 뜻 같아요."

"어떤 노력도 하지 않는 것이 잭은 왜 두려울까?"

"글쎄요, 실패할까 봐 걱정스러운 거겠죠."

"아 …, 그러니까 잭이 충분히 스트레스를 받지 않는다면, 충분히 노력하지 않는 거고, 실패할까 봐 두려워한다는 거네."

"맞아요."

"좋아, 알겠다. 그럼, 잭에게 그건 어떤 걸까? 충분히 노력하지 않아서 실패한다는 거 말이야."

"그건 최악일 거예요. 저는 실패한다는 건 상상할 수도 없어요.

저는 툴레인Tulane 대학에 가고 싶은데, 실패한다면 그곳과는 작별인 거죠." 존은 잭과 자신을 동일시하며, 그 두려움을 자신에게로 가져 왔다.

"좋아, 그럼 너 자신을 충분한 스트레스 상태에 놓아두지 않는 다면, 네가 평생 꿈꿔 오던 툴레인 대학에 들어갈 기회가 위태로워 지는 거네. 그렇지?"

"아 …, 네."

"음 …, 이제 좀 이해가 되네. 너에게 '될 수 있는 한 스트레스 없음 상태에서 멀리 떨어져 있어야 한다는 건, 꿈을 잃게 될 위험에서 멀어지겠다'는 거네."

존이 고개를 끄덕인다.

"그러니까 이곳(스트레스 없음을 가리키며)에 있다는 건 실패할 위험 이 있다는 건데, 여기(스트레스 과다를 가리키며)에 있다는 건 어떤 위험 이 있는 건지 궁금하네."

"거기 있는 건 아무 위험도 없는 거 같은데요."

"정말? 근데 왜 너는 여기에 있다는 거니?"

"공황 발작이 생기고, 잠도 잘 못자고, 집중도 잘 못하니까요."

"그렇구나."

존에게 이러한 증상을 일으키는 원인이 무엇인지 당신은 이제 분명 히 알았을 것이다. 존은 만성적이고 극심한 스트레스에 시달리고 있 다. 존에게도 분명해졌다. 존 같은 아이는 똑똑하고, 내가 말했듯이,

자기를 잘 인식하고 있어서 (스트레스와 두려움 사이의) 그런 관계를 파악할 것이다. 만일 내가 질문을 너무 주도적으로 이끌었거나 그의 문제를 일으키는 원인이 그 자신에게 있다고 분명하게 말했다면 그는 나에게 화를 냈을 것이다. (처음에는 의식하지 못하겠지만, 결국 내가 그를 그렇게 대하는 것을 싫어했을 것이다.) '모든 사람은, 십 대를 포함하여, 자기 삶에서 전문가가 되고 싶어 한다.' 당신이 그들의 문제, 삶 또는 상황에 '전문가' 지위를 차지하려 들면, 그들을 아프게 할 수 있다. 존의 자존심을 세워 주는 것이 중요하다.

그래서 나는 화제를 바꾸어 상담을 마무리하기 전에 시간을 조금 보냈다. 적절한 자기 노출이 이루어졌으니, 나 자신의 경험을 나누었다. "나는 공황 발작이 너무 싫어. 마흔다섯 살이 되어서야 그것을 어떻게 다뤄야 하는지 알게 되었지. 하지만 네 나이 때는 완전 속수무책이었어. 숨조차 쉴 수 없을 정도였는데 그게 더 공포였어. 넌 어떠니?" 그는 유사한 증상을 설명했고, 우리 둘 다 공황 발작은 정말 끔찍하다는 데 동의했다.

그런 식으로 스트레스와 불안의 관계를 잠시 남겨두도록 충분히 시간을 보낸 뒤, 내가 다시 화이트보드를 보며 말했다. "음 …, 잠깐만, 여기 어딘가 …." 나는 일어나서 보드에 '공황 발작'과 '불안'이라는 단어를 적었다. 그러고는 '스트레스', '스트레스 과다', '스트레스 없음', '공황 발작', '불안'이라는 단어에 각각 동그라미를 쳤다. "우리는 여기 이 모든 걸 갖고 있는 것 같구나. 이렇게 보니, 압도당하는 기분이 든다. 안 그래?"

"네, 맞아요."

"그냥 모든 게 뒤섞여 있을 수도 있지."

"맞아요. 제가 압도당할 때가 바로 그런 때예요."

존은 중요한 점을 지적했다. 우리가 이러한 문제를 이해하고 배우는 일이 왜 중요한지를 보여 주는 대목이다. 우리가 느끼고 있는 것, 우리가 경험하고 있는 것에 이름 붙일 수 있을 때 그리고 관계없어 보이는 문제들, 경험들, 증상들 사이의 관계를 이해하기 시작할 때, 우리는 그것들에 대한 통제력을 얻는다. 뭐가 잘못된 건지 모르겠지만 병원에 가야 할 만큼 상태가 좋지 않아 병원에 갔을 때, 의사가 "독감에 걸리셨네요"라고 말할 때 느끼는 감정과 비슷하다. 육체적으로는 안 좋지만, 왜 아픈지 이해했기에 정서적으로는 기분이 나아지는 것과 같은 이치다.

내가 존에게 물었다. "이 보드에 적힌 내용을 보니, 여기에 모든 것이 있고, 이것들이 어떤 식으로든 다 연관되어 있는 거니? 그것들이 연관되어 있는지 아닌지는 모르겠지만, 궁금하긴 했거든." 존에게 정직하지 않았던 건 아니다. 현실은, 존이 그것들을 연관시킬 수 있을 때만 실제로 연관되는 것이니 말이다. 그리고 모든 규칙에는 예외가 있다는 걸 알고 있다.

"그러니까 …."

"잠깐만." 존이 말하려는데, 내가 (의도적으로) 끼어들었다. 나는 존에게 다른 색깔의 보드 마커를 건네주었다. "그것들 사이에 연관성이 있다면 한번 그려 볼래?" 이것은 십 대 청소년에게 자신의 경험을 인정하는 데 도움을 주는 강력한 수단이며, 이 모든 것을 연결하는 데 있어 완전한 통제력을 준다.

존은 모든 동그라미를 잇는 선을 그었다. 내가 물었다. "좋아, 그러니까 그것들 모두가 연결되어 있는 거네. 그것들 사이에 어떤 관계가 있는 거지?"

존은 스트레스와 불안 그리고 공황 발작 사이에 선을 하나 더 그었다. "와우, 좋아." 내가 말했다.

존은 계속해서 실패에 대한 두려움에서 유발된 만성적인 극심한 스트레스가 어떻게 직선의 다른 쪽 끝에 있는 문제들을 일으키는지 설명했다. "공황 발작이나 실패 중 어느 것이 더 기분 나쁜지를 결정해야 할 것 같아요."

"그럴지도 모르겠다. 그런데 실패는 어떤 느낌이니?"

"나쁘죠."

"언제 실패했는데?" 내가 물었다.

"음, 아직 실패하지 않았지만, 끔찍할 거 같아요."

"실패의 고통에 직면하는 것보다 내가 잘 알고 이미 겪은 적이 있는 고통을 대하는 게 낫다는 거구나? 실패는 아직 경험하지 않아 잘 모르지만, 불안보다 더 나쁠 수도 있으니까 말이지."

"네."

존은 마침내 서서히 자신의 스트레스를 완화시키는 법을 배웠다. 존 같은 아이는 자신은 잘 모르지만, 스트레스에서 자유로워질 수 없다. 존의 유전자에 스트레스가 있는 건 아니다. 그렇게 굳어져 버린 건 아니다. 그가 실패하기 훨씬 전에 그를 보호하기 위해 차단기가 작동될 것이다. 존에게, 또 수많은 완벽주의자인 십 대들에게 문제는 차단기가 너무 빨리 내려져, 그들을 다른 방향으로 몰고 간다는 것이다.

스트레스란 무엇인가?

스트레스는, 간단히 말해서, 당신이 기대치를 충족시킬 수 없다는 사실을 인식할 때 경험하는 고통스러운 감정일 수 있다. 스트레스의 핵심 단어는 '인식'이다. 객관적인 현실은 사실일 수도, 아닐 수도 있지만, 당신 자신이나 다른 사람, 세상 또는 하느님의 기대치를 충족시킬 수 없다고 인식하면, 당신은 스트레스를 받을 것이다.

믿든 믿지 않든, 좋은 스트레스도 있다. 좋은 스트레스의 특징은 다음과 같다.

- 일시적이고 짧다.
- 에너지를 발산하고 노력에 집중한다.
- 성장과 기회의 확대로 이어질 수 있다고 인식된다.
- 기분을 좋게 하고, 동기를 부여하거나 흥분시킬 수 있다(긴장감을 동반할 수도 있다).

좋은 스트레스의 예로 신체 운동을 들 수 있다. 걷거나 뛰거나 근력 운동을 할 때, 근육은 좋은 스트레스 상태에 놓인다. 근육은, 문자 그대로, 그 스트레스에 반응하여 확장되고 튼튼해진다. 좋은 감정적 스트레스도 있다. 예컨대, 시험이나 저녁 식사 모임, 또는 수업 계획 같은 일을 준비해야 할 때, 우리는 좋은 스트레스를 경험할 수 있다. 이러한 갖가지 경우에 우리는 성장할 기회를 갖고, 시간이나 에너지를 최대한 활용하고, 아마도 이러한 각 과제를 어떻게 하면 더 효율적으로 수행할 수 있는지 배운다.

당신은 생각할지 모른다. '로이, 나도 그런 경험을 해 보았지만, 기분 좋은 것과는 아주 거리가 멀었어요. 그런 상황에 놓이면 나는 공황 발작이 온다고!' 스트레스에 대해 최악인 부분은, 항상 그런 것은 아니지만, '스트레스가 많은 사건을 좋은 것으로 경험할지 나쁜 것으로 경험할지는 그 사건을 어떻게 처리하느냐에 달려 있다는 것이다'. 맞는 말이다. 스트레스가 극심한 사건도 우리가 그 경험을 어떻게 보느냐에 따라 좋을 수도 나쁠 수도 있다.

예를 들어, 우리 가족이 패스트푸드점 드라이브스루에서 음식을 주문하려는데 대기 차량이 건물 주위를 두 겹으로 에워싸고 있다고 치자. 우리 가족에게 이것은 긍정적인 기대를 불러일으킨다. 우리는 각자 무엇을 주문할지 이야기하기 시작하고, 이것을 우리는 이제 먹을 것들이 너무 맛있을 거라는 신호로 읽는다. 틀림없이 많은 사람이 이렇게 기다리고 있겠지? 나 같은 경우는, 짜증을 내며 "아니 왜 이렇게 오래 걸려, 배고파 죽겠는데!"라고 할 것이다. 그러면서 세상에서 가장 효율적이라는 패스드푸드 프랜차이즈 중 하나가 어떻게 하면 더 효율적일 수 있을지 생각한다. 이런 일은, 문자 그대로 또 비유적으로, 나를 위축시킨다. 당신이 이런 때 나를 본다면, 몸을 웅크리고 한숨을 쉬기 시작하는 걸 알아차릴 것이다. 나는 스스로 진정하려고 심호흡을 하고, 아무것도 할 수 없는 가족들에게 큰 소리로 불평하고 있을 것이다. 같은 일을 두고도, 스트레스의 유형은 스트레스를 어떻게 해석하느냐에 달려 있다.

스트레스는 우리 삶에서 긍정적인 경험이나 결과로 우리를 인도할 수 있다. 좋은 스트레스는 유용한 도구다. 좋은 스트레스는 우리 유전자뿐 아니라 가톨릭 전례력에도 탄탄히 구축되어 있다. 가톨릭 전례력에서 두 시기는 의도적으로 우리 삶에 스트레스를 준다.

예수님의 탄생을 기다리며 준비하는 대림 시기 동안, 우리는 영적 선조들이 사막에서 행한 기다림을 회상하면서, 즉각적인 만족감을 조금 뒤로 미루고 기다리는 스트레스 경험을 한다. 우리는 기다림의 스트레스에 침잠하면서, 삶에서 날마다 그리고 마지막 때에 충만함 속에서 오실 그리스도를 기다린다. 사순 시기 동안에는 금식과 자선 그리고 기도라는 세 가지 영적 훈련을 통해 기꺼이 우리 삶에 스트레스를 더한다.

건강하지 않은 스트레스는 무엇인가?

건강하지 않은 스트레스는 건강한 방식으로 대처할 수 없는 스트레스를 말한다. 건강하지 않은 스트레스에는 다음과 같은 특징이 있다.

- 불안이나 심각한 걱정을 유발한다.
- 전체적으로 불쾌감을 준다(유쾌하거나 흥분되는 기분을 느낄 수 없다).
- 어떤 일을 수행하거나 행동하는 데 부정적인 영향을 미친다.
- 정신적 · 신체적 문제를 일으킬 수 있다.
- 일시적이거나 짧을 수도 있지만, 장기간 지속될 수 있다.

세상에는 나쁜 스트레스를 유발하는 요인이 많이 있으며, 우리 십 대들은 그것을 너무 잘 알고 있다. 많은 사람에게 부정적인 스트레스는 삶에서 일어나는 사건이나 기대치의 결과다. 청소년들은 자주 이러한 사건들 중 일부를 거의 또는 전혀 통제할 수 없다. 예컨대, 부모님이 이혼을 준비하고 있는 제이미는 이렇게 말한다. "나는 이런 일을 선택하지 않았어요. 로이 선생님, 그 두 사람이 X 같은 생활을 끝내기로 결정하기 전까지, 제 삶은 그럭저럭 괜찮았어요. 내가 아직 덜 힘들다는 듯이 선물을 주네요. 아주 고맙네요, 엄마 아빠."

개비는 어릴 때 겪은 토네이도가 스트레스 요인이었다. "모든 게 미쳐 돌아가는 것 같았어요. 경적 소리가 울리더니, 우박이 우리집을 때리기 시작했어요. 아빠가 저를 데리고 지하 폭풍 대피소로 갔어요. 밖으로 나왔을 때 사람들이 울부짖고 모든 게 파괴되어 있었어요." 이혼과 마찬가지로, 자연재해로 인한 트라우마는 청소년에게 심각하고 잠재적으로 장기간 영향을 미친다. 다음의 예들은 십 대에게 흔한 나쁜 스트레스를 유발하는 요인들이다.

소셜 미디어

상담실에 온 열일곱 살 고등학생 제시카의 말이다. "우리도 그것이 엄청난 영향을 미친다는 것을 알고 있어요. 우리가 그것을 인정하고 싶지 않을지 몰라도, 늘 스마트폰을 끼고 사는 게 좋지 않다는 것을 우리도 알아요. 그러나 그것은 일종의 중독과 같아요. 나쁘다는 건 알지만 끊을 수 없어요."

제시카는 소셜 미디어가 그녀와 친구들에게 구체적으로 어떻게 나쁜지 정확하게 확신하지는 못했지만, 그들이 정말로 행복하지 않다는 건 알고 있었다. 스냅챗이나 인스타그램을 하고 있을 때 기분이 어떤지에 관심을 기울여 보라고 했더니, 제시카는 이렇게 말했다. "너무 불안해요. 그런 걸 하기 전에는 깨닫지 못했어요. 나쁜 일이 있었던 것은 아닌데, 나를 화나게 할 일이 일어나기만을 계속 기다리고 있는 것 같은 느낌이랄까요. 그런 일은 일어나지 않았지만, 저는 계속 걱정스러웠어요. 스마트폰을 끈 뒤에도 그래요."

내가 물었다. "무엇이 너를 속상하게 하니?"

"그러니까 …, 친구들이 나를 빼고 모여 있는 거요. 또는 전 남자 친구가 다른 여자애랑 있는 거요. 친구들은 할 수 있는데, 저희 부모님이 너무 엄해서 저는 하지 못하는 일 같은 거요." 나는 적어도 스무 명이 넘는 제시카 같은 십 대들이 이와 비슷한 감정을 표현하는 걸 들었다. 소셜 미디어는 여러 방식으로 십 대들에게 스트레스를 주고 있다.

포모FOMO증후군[1]

다른 사람들이 무엇을 하고 있는지 계속 지켜보는 것은, 그들이 무슨 일을 하고 있는지 확실하게 알 수 없어도 내가 무언가를 놓치고 있다는 느낌이 들게 할 수 있다. 십 대들은 다른 사람과 자신을 비교하지 않는다 하더라도 그럴 수 있다. 그러나 이것은 십 대들에게만 영향을 미치는 건 아니다. SNS를 할 때 당신의 기분이나 생각에 주의를 기울여 보라. 나 역시 페이스북이나 인스타그램의 포스팅을 따라가다 보면 기분에 영향을 받는 것을 발견한다. 나와 다른 사람을 비교하게 되고, 질투심도 생기고 기분이 가라앉는 경향이 있다. 누구나 그렇게 느낄 수 있지만, 방치하면 문제가 될 수 있다.

잠재적 시간 낭비

십 대들에게는 에너지가 좀 적게 드는 정신적 과제가 필요할 때가 있고, 친구들과 어울리면서 기분 전환이 필요할 때도 있다. 하지만 소셜 미디어와 다른 온라인 활동은 교묘하게 그들을 '멍 때리기' 상태로 끌어들이고, 자신이 얼마나 많은 시간을 낭비하고 있는지 알아차리지 못하게 할 수 있다. 십 대들 역시 자신이 시간을 낭비하고 있고, 시간이나 관심을 쏟을 다른 중요한 활동이나 프로젝트가 있다는 걸 알면, 기분이 좋지 않다는 걸 느낀다.

친밀한 관계에 대한 갈망을 채우지 못함

청소년들이 간절하게 갈망하는 것, 소셜 미디어가 약속하지만 제공하지 못하는 것이 바로 관계다. 소셜 미디어가 서로를 연결하는 것 같지만, 청소년들이 진정으로 원하는 친밀함이나 가까움은 아니다. 소셜 미디어와 다른 기술들은 이미 존재하는 관계에 추가될 수 있으며, 직접 대면할 수 없을 때 관계를 지속하도록 도울 수는 있다. 그러나 그것이 실시간으로, 서로 얼굴을 맞대고, 직접 만나서 상호작용하는 것을 대체할 수는 없다. 한 청소년은 이렇게 말한다. "기분이 나아지길 바라면서 소셜 미디어에 들어가지만, 전보다 더 단절되고 사방으로 흩어져 버린 기분이 들어요. 하지만 거기에 계속 들어가게 되죠. 좀 폭력적인 관계 같아요."

정치 풍토
최근 들어 공개 담론에서 점점 더 예의가 줄어들고 있다. 대통령 선거나 다른 국가적인 선거가 천박한 태도와 인신공격으로 가득 차 있음이 증명되었다. 나라와 세상의 미래를 위한 건강하고 활기찬 논쟁보다 독설이 훨씬 많다.

2016년 미국의 대통령 선거를 지켜보고는 공황 발작을 일으킨 한 청소년을 만난 적이 있다. 그 소년이 말했다. "그냥 서로에게 계속 소리만 지르더라고요. 부모님과 내내 그런 소리를 들어야 했어요. 그런 걸 텔레비전으로 보아야 하다니요."

미디어
언론 매체는 시청자들을 자신들의 콘텐츠로 끌어들임으로써 광고 수익을 창출한다. 좋은 뉴스는 돈이 되지 않지만, 나쁜 뉴스는 돈이 된다. "누군가 피를 흘리지 않으면 아무도 신문을 읽지 않는다." 언론 매체에서 정확하고 실시간으로 전달되는 이야기는 선정적이고 과장된 기사만큼 사람들의 관심을 끌지 못한다.

게다가 수많은 매체가 24시간 쉼 없이 실시간 뉴스와 논평을 제공하는 시스템을 갖추고 있고, 이로 인해 청소년들은 정확하지 않을 수도 있는 사건들과 상황에 대한 선정적이고 종종 극적으로 과장된 이야기에 노출된다.

오늘날 세상에서 일어나는 테러와 폭력, 고통이 보고되는 방식은 많은 청소년에게 스트레스, 두려움, 불안을 가중시킨다. 십 대들은 그들이 말이나 행동으로는 다르게 표현하더라도 안정감을 느낄 필요가 있다. 나는 많은 십 대가 테러 행위에 대해 처음에는 어깨를 으쓱하며 아무렇지 않은 척해도, 더 깊이 관찰해 보면 그들 역시 무서워하고 무력감과 슬픔을 느낀다는 사실을 발견할 수 있었다.

가족 문제

앞서 언급했듯이, '전통적' 가족이라 이해되던 가족은 이제 미국에는 거의 존재하지 않는다(이 책 33~39쪽 참조). 미국에서 그 기준에 맞는 가족은 7퍼센트도 되지 않는 것으로 추정된다. 청소년의 절대적 다수가 '전통적이지 않은' 가정에서 생활한다. 앞서 말했지만, 이런 상황은 건강에 해로운 스트레스, 불안 그리고 우울을 경험할 위험에 노출시킬 수 있다.

종교에서 멀어짐

오늘날 점점 더 많은 가족이 종교에서, 어떤 경우는 하느님에게서 떠나고 있다. 종교를 묻는 설문 조사에서, 이제 가장 큰 집단은 '무종교'다. 특정 종교나 교파에 소속되기를 선택하지 않는 미국인 집단이 반드시 무신론자나 불가지론자인 것은 아니다. 그들은 그저 제도화된 종교 모임에 참여하고 싶어 하지 않을 뿐이다. 종교 활동은 스트레스를 다루고, 다른 시각에서 스트레스를 보게 하고, 스트레스에 대처할 수 있는 효과적인 방법을 발견하게 돕는다.

분주함

오늘날 청소년들은 바쁘다. 이제 '바쁘다'는 단어는 '십 대' 세계를 정의하는 말에 포함되어야 한다. 할 수 있는 활동이 많아지고, 모든 것을 하고 모든 것을 가져야 한다는 문화적 압박감이 증가하면서, 청소년의 생활은 과외, 학원, 게임, 연습, 발표, 연주회, 갖가지 대회 등으로 계획표가 꽉 차게 되었다. 자녀가 건강하고 발전하고 성공하려면 가능한 한 모든 활동을 경험하게 하고, 참여하도록 격려해야 한다는 것이 부모의 생각이다. 어떤 부모님은 나에게 "만일 제가 딸에게 이 모든 활동에 참여하게 해 주지 못한다면, 좋은 대학에 들어갈 기회를 얻지 못하겠죠. 대학은 우리 아이의 미래예요"라고 가슴 아픈 말을 했다. 많은 청소년이 이 말을 사실로 받아들였다. 부모나 다른 많은 어른들과 마찬가지로 (많은 경우 무의식적으로) 그들 역시 지나치게 많이 일하고 휴식은 거의 취하지 못하게 하는 성공에 관한 정의를 채택했다. 많은 청소년과 그 가족은 건강하게 서로를 보살피는 관계를 희생하면서, 공부와 과외 활동의 성취를 과대평가하게 되었다.

성공에 대한 이런 정의는 복음에 근거하지 않는다. 성경 어디에도 학문적, 신체적, 사회적 또는 재정적 성공이 행복에 이르는 길임을 지지하는 내용은 없다. 사실, 당신은 그 반대 내용을 발견할 것이다. 예수님은 젊은이에게 말씀하신다. "당신이 완전해지려고 하면 가서 당신이 소유하고 있는 것을 팔아 가난한 사람들에게 주시오. 그러면 하늘에서 보물을 차지하게 될 것입니다. 그리고 와서 나를 따르시오"(마태 19,21). 역설적이지만, 이것이 바로 많은 청소년과 가족들이 추구하는 것, 바로 완전함이다. 그러나 완전함에 관한 서구식의 매우 제한적인 이해는 이승의 삶에서는 성취할 수 없다. 청소년들이 이런 점을 알고 이해하도록 돕는 일이 청소년을 동반하는 일의 주요 목적이다.

스트레스의 동의어

스트레스를 받을 때 청소년들은 자주 당신에게 말할 것이다. "너무 스트레스 받아요." 청소년들과 활동하면서 내가 가장 자주 들었던 말이다. 그러나 그들은 '스트레스'라는 단어를 쓰지 않고 다른 표현을 사용한다. 우리가 스트레스와 연관된 동의어와 다른 표현을 알고 있는 것은 중요하다. 그래야 청소년의 스트레스를 파악할 수 있다. 몇 가지 예를 소개한다.

- 어쩔 줄 모르겠다
- 부담이 된다
- (감당하기) 너무 힘들다
- 압박감을 견딜 수 없다
- 터질 것 같다
- 미치겠다
- 크아아아앙!

이러한 단어 사용의 문제는 청소년들이 해로운 스트레스 요인에 대해서와 마찬가지로 본질적으로 긍정적인 스트레스 요인을 설명하는 데도 이런 표현을 사용한다는 것이다. 그러나 청소년들이 자신의 경험을 묘사하는 데 사용하는 언어를 알고 있으면, 우리는 그들이 건강한 스트레스 상황에 있는지 아니면 건강하지 못한 스트레스 상황에 있는지 더 잘 판단하기 위해, 그들과 의논할 기회를 가질 수 있다.

핵심 내용

- 오늘날 많은 십 대는 학업 성취와 관련된 엄청난 스트레스를 받고 있으며, 이것이 만성 불안을 유발한다.
- 스트레스는 기대에 부응할 수 없다는 감정으로 정의될 수 있다.
- 좋은 스트레스는 우리의 (영적 · 신체적 · 정서적) 근육을 강화시킨다.

- 십 대들은 어른들이 직면하는 것과 동일한 여러 스트레스 요인에 의해 영향을 받지만, 어른들과는 다르게 반응한다.
- 소셜 미디어는 많은 십 대에게 상당한 스트레스의 원인이다. 그것은 청소년들에게 사교적 경험에서 자신이 빠져 있고, 시간을 낭비하고, 친밀해지고 싶은 욕구를 충족시킬 수 없다는 기분을 유발할 수 있다.
- 오늘날 청소년에게 스트레스를 일으키는 요인들은 정치 풍토, 미디어, 가족 문제 그리고 너무 바쁘다는 것이다.
- 좋은 스트레스와 나쁜 스트레스 사이의 차이를 이해하고, 성인의 생활과 청소년의 생활에서 그런 차이가 어떻게 드러나는지 파악하는 일은 매우 중요하다.
- 십 대들은 '어쩔 줄 모르겠다', '터질 것 같다', '미치겠다' 등을 포함하여, 스트레스라는 말 대신 다른 유사한 표현을 사용한다.

스스로에게 질문하기

두 칸으로 나누어, 한 칸에는 당신의 삶에서 중요한 스트레스 요인들을 적고, 다른 칸에는 그 스트레스 요인에 대처하는 방법을 적어 보자. 그리고 나서 다음 질문에 답해 보자.

1. 스트레스 요인을 적고 내가 그것에 대처하는 방법이 기분을 좋게 하는 데 도움이 되었는가? 어떤 식으로 도움이 되었나?

2. 그런 방식이 스트레스로 힘들어하는 청소년에게 도움이 될까?
3. 내가 청소년들과 이런 연습을 실행해 볼 수 있을까?
4. 이 장을 읽고 난 뒤, 스트레스가 어떻게 불안과 우울을 유발하는지 더 잘 이해하게 되었는가?

영감을 북돋우는 기도

그러자 네부카드네자르는 노기로 가득 찼다. 그리고 사드락과 메삭과 아벳 느고를 보며 얼굴 표정이 일그러지더니, 가마를 여느 때에 달구는 것보다 일곱 배나 더 달구라고 분부하였다. 또 군사들 가운데에서 힘센 장정 몇 사람에게, 사드락과 메삭과 아벳 느고를 묶어 타오르는 불가마 속으로 던지라고 분부하였다. 그리하여 그 세 사람은 겉옷과 바지와 쓰개와 그 밖의 옷을 입은 채로 묶여서, 타오르는 불가마 속으로 던져졌다. 그런데 임금의 명령이 급박한 데다가 가마가 매우 뜨거웠으므로, 사드락과 메삭과 아벳 느고를 들어 올렸던 사람들이 불꽃에 타 죽고 말았다. 사드락과 메삭과 아벳 느고, 세 사람은 묶인 채로 타오르는 불가마 속으로 떨어졌다. 그러나 그들은 하느님을 찬송하고 주님을 찬미하며 불길 한가운데를 거닐었다.

그래서 불길이 가마 위로 마흔아홉 암마나 치솟아 오르고, 또 옆으로도 퍼져 나와 가마 둘레에 있던 칼데아인들을 태워 버렸다. 그때에 주님의 천사가 가마 속 아자르야와 그의 동료들 곁으로 내려와서, 불길을 가마 밖으로 내몰고, 가마 복판을 이슬 머금은 바람이 부

는 것처럼 만들었다. 그렇게 하여 그들은 불에 닿지도 않고 아프거
나 괴롭지도 않았다. 그러자 세 젊은이가 가마 속에서 한목소리로
하느님을 찬송하고 영광을 드리며 찬미하였다.

— 다니 3,19-24.47-51

제자들은 그분이 호수 위를 걸어오시는 것을 보고 당황하여 "유령이
다" 하며 두려워서 비명을 질렀다. 그러자 [예수께서는] 즉시 그들
에게 이야기하시며 "힘내시오, 나요. 두려워하지 마시오" 하셨다. 베
드로가 예수께 대답하여 "주님, 주님이시거든 저더러 물 위를 걸어
주님께로 오라고 명령하십시오" 하고 여쭈었다. 예수께서 "오시오"
하시자 베드로는 배에서 내려 물 위를 걸어서 예수께로 갔는데 [거
센] 바람을 만나자 그만 두려워했다. 그래서 물에 빠지기 시작하자
비명을 지르며 "주님, 저를 구해 주십시오" 하였다. 예수께서 즉시
손을 내밀어 그를 붙잡고 "믿음이 약한 사람, 왜 의심했습니까?" 하
고 그에게 말씀하셨다.

— 마태 14,26-31

나는 평화를 여러분에게 남겨 두고 갑니다. 내 평화를 여러분에게
줍니다. 내가 여러분에게 주는 것은 세상이 주는 것과는 같지 않습
니다. 여러분의 마음이 산란해지지 않도록, 또한 겁먹지 않도록 하
시오.

— 요한 14,27

5. 불안과 우울 알아채기

테이트는 모든 일을 잘했다. 올바른 행동, 완벽한 성적, 여러 스포츠도 뛰어나게 해냈다. 내가 테이트의 부모님을 만났을 때, 그 아이가 얼마나 뛰어난지 20분 정도 이야기하던 아버지가 완벽한 케이준 영어(Cajun English: 루이지애나 방언 - 역자 주)로 말했다. "뭔가 잘못되어 가고 있어요. 로이 선생님, 아이가 전혀 행복해 보이지 않아요."

"엘레르 씨, 왜 그렇게 생각하시죠?" 내가 물었다. 테이트의 어머니는 남편에게 계속 말하라는 눈치를 주었다. 케이준 지역의 부부들은 집안에 중요한 일이 생겼을 때 남편이 나서야 한다고 생각하는 오래된 가부장적 역할을 중시하고 있었는데, 이 부부도 그렇게 상호작용했다.

"아이가 전혀 웃지 않아요. 늘 방에만 있고요. 게다가 성적이 뚝뚝 떨어지고 있어요. 우리 아이 같지 않아요, 로이 선생님!" 테이트 아버지가 혼란과 두려움으로 터져 나오는 눈물을 억누르려 애를 쓰며 격앙된 목소리로 말했다. "똑똑한 아이거든요, 로이 선생님!"

"누굴 닮은 건지 궁금하네요." 내가 웃으며 말했다.

"감사하게도 엄마를 닮았죠. 아내는 머리가 좋거든요, 대학도 나왔어요."

"좋습니다. 제가 잘 알아들은 거라면, 아드님이 보통 때처럼 행동하지 않으니 걱정된다는 거네요. 성적을 회복하지 못하면 아들의 장래를 망치게 될까 봐 걱정된다는 거죠?" 내가 물었다.

"네, 맞아요, 로이 선생님. 앞날이 창창한 아이거든요. 아들에게 수천 번이나 말했어요. '테이트야, 걸프만에서 일하고 싶지는 않을 거다. 석유 굴착기에서 일하는 건 정말 힘들거든. 아빠는 그나마 운이 좋았지만, 상황은 언제든 변할 수 있어. 너에겐 아빠가 갖지 못한 기회가 있잖니.'" 그는 눈물을 참기 위해 잠깐 말을 멈췄다. 이야기를 나누면서, 엘레르 씨는 아들이 자신보다 나은 삶을 살 수 있도록 아빠로서 해야 할 중요한 것을 깨닫기 시작한 듯했다. 그는 성공했지만 이제 평생 일구어 온 일이 위협당하고 있었다.

"잘 들었습니다. 그러니까 아버님은 자신은 가져 본 적 없는 기회를 아드님에게 주기 위해 평생 열심히 일해 왔습니다. 아버님은 아드님이 그 기회를 잡고 잘 이용하기를 바라신다는 거네요."

"네, 선생님, 맞습니다." 그는 아내를 바라보며 말했다. "여보, 우리 잘해 왔잖아."

나는 내내 듣기만 했다. 내가 그의 말을 귀 기울여 듣고 이해하려 애쓰는 걸 보더니, 아버지는 나를 완전히 신뢰하게 되었다.

"테이트에 대한 다른 이야기도 해 주시겠어요?" 내가 물었다.

"저는 잘 몰라요, 로이 선생님." 그는 아내를 흘끗 보더니 "여보, 당신은 어떻게 생각해?"라고 물었다.

"네, 세실 부인, 어머니가 그동안 관찰하신 게 무엇인지 알고 싶어요."

"음 …, 로이 박사님, 이 모든 일은 9개월 전부터 시작되었어요."

마음속으로 나는 '빙고'라고 외쳤다. 청소년들은 어느 날 갑자기 우울해지는 게 아니다. 불안과 우울을 일으키는 여러 요인이 있다. 그중 일부는 심리적인 요인이고, 우리는 이제 유전적으로도 우울증에 걸리기 쉬운 경향도 있다는 것을 안다. 그러나 16년 동안 이 소년은 잘 지내 왔다.

"최근 일이 년 사이에 테이트에게 부정적인 영향을 미친 일이 있었나요?"

"사실 그런 일은 없었는데, 아이가 달라졌어요." 어머니가 말을 이었다. "온종일 방에만 처박혀 있기 시작하더니, 밥도 먹지 않고 내내 잠만 자더라고요."

"그런 행동이 얼마나 지속되었나요?" 내가 물었다.

"거의 일 년 정도 되었어요."

부모님이 8개월 전쯤 테이트를 상담실에 데려왔더라면 이상적이었을 것이다. 대부분의 정신 건강 문제는 일찍 다룰수록 더 좋으니 말이다. 그러나 테이트 부모님은 그런 증상, 즉 전형적인 우울 증상이 2주 이상 지속되면 상담사나 정신 건강 전문가의 치료가 필요한 심각한 정서적 문제일 경우가 많다는 것을 알지 못했다.

신호 알아차리기

테이트의 부모님만 그런 게 아니다. 테이트의 부모는 자녀에게서 우울과 불안을 경고하는 신호를 알아차리지 못하고, 이런 신호를 발견했을 때 어떻게 해야 할지 모르는 수백 만의 부모 가운데 하나일 뿐이다.

우울증이란 무엇인가?

국립정신건강연구소에 따르면, 우울증은 매우 흔하지만 심각한 기분 장애로, 수면, 식사, 일 같은 일상적인 행위를 생각하고, 느끼고, 처리하는 방식에 영향을 미치는 심각한 증상을 유발할 수 있다.[1] 이런 증상이 적어도 2주 정도 지속되면 우울증으로 보아도 무방하다.

　1장에서 살펴보았듯이, 미국 보건복지부의 보고에 따르면, 사춘기 청소년 여덟 명 중 한 명이 우울 에피소드, 즉 2주 이상 지속되는 우울증 증세를 보이다가 어떤 시점에서 호전되는 경험을 한다는 것이다.[2]

우울증의 신호나 증상은 어떤 것인가?

이 장 후반부에서 우울증의 신호를 관찰하고 이에 대응하는 방법에 대해 살피겠지만, 여기서는 먼저 우울증이 무엇인지 알아보자. 국립정신건강연구소가 소개한 우울증의 일반적인 증상은 다음과 같다.

- 지속적으로 슬프고, 불안하고 '공허한' 기분
- 희망이 없고 비관적인 느낌
- 안절부절못함
- 죄의식, 가치 없다는 느낌, 무력감
- 취미와 여러 활동에 대한 관심이나 즐거움 상실
- 에너지 감소 또는 피로감
- 행동이나 말이 느려짐
- 초조함, 가만히 앉아 있지 못함
- 집중하고, 기억하고, 결정하기를 어려워함
- 수면 장애, 너무 일찍 일어나거나 지나치게 많이 잠
- 식욕과 체중의 변화
- 죽음이나 자살에 대해 자주 생각함, 또는 자살 시도
- 통증이나 고통, 두통, 뚜렷한 신체적 원인 없이 소화계의 문제나 위경련 발생, 치료를 받아도 호전되지 않음[3]

국립정신건강연구소 목록에는 들어 있지 않지만, 청년이나 십 대들에게 자주 나타나는 증상도 있다.

- 성적이 떨어짐
- 집중력 저하
- 무슨 문제가 있느냐는 질문을 친구들에게 자주 받음
- 교사, 코치, 다른 어른들에게 무슨 문제가 있느냐는 질문을 자주

받음 (두 경우 모두 걱정스러워하지만 문제가 있다고 생가하고 싶어 하지 않음을 나타낸다)

- 분노
- 약물 남용
- 법적 문제를 일으킴
- 교칙 위반
- 학교에 가기 싫어함

불안이란 무엇인가?

때때로 불안을 느끼는 것은 정상이다. 그러나 불안 장애를 겪는 청소년은 일반적인 걱정거리나 두려움 이상을 경험한다. 조금 지나면 가라앉을 것으로 예상되는 불안을 가끔씩 느끼는 청소년과 비교할 때, 불안 장애를 겪는 청소년은 그들과 비슷한 두려움도 훨씬 극심하게, 지속적으로, 심지어 잠시도 쉬지 않고 경험한다.

처음 만났을 때 애슐리는 상담실 소파에 굳은 모습으로 앉아 있었다. '불편함'에서 나오는 굳은 모습이 아니었다. 나는 만성적인 불안감을 지닌 청소년에게 영향을 미치는 싸우거나/도망치려는 과민성 메커니즘 증상을 보곤 하는데, 그녀의 모습도 그런 종류였다.

애슐리가 말했다. "저는 뭔가 나쁜 일이 일어날까 봐 늘 걱정스러워요."

"'늘'이라니 무슨 뜻이지?" 내가 물었다.

"항상 그렇다는 거예요." 그녀가 대답했다. "성적, 학교생활, 친구들, 부모님의 경제 상태 등이 걱정스러워요."

"와, 걱정할 게 진짜 많구나!" 내가 말했다.

"네, 그래서 늘 배가 아파요. 너무 심하게 걱정하다가 토하기도 해요. 언제 어디서 토하게 될지 몰라서 집 밖에 나갈 수가 없어요."

애슐리는 사람들 앞에서 토하게 될까 봐 두려워 놀러 나가는 것도 피하기 시작했다. 하지만 애슐리는 불안이 너무 심해 신체적 증상까지 있는 청소년 수백만 가운데 한 명일 뿐이다.

불안의 증상은 어떤 것인가?

- 과민함
- 잠들기 어려움
- 자해
- 우울/자살 충동
- 냉담함
- 정직하지 못함
- 강박
- 계단이나 천장의 타일 같은 사물의 수를 세기 시작함
- 손을 자주 씻음
- 문이 잠겼는지 자주 확인함
- 끊임없이 확인하는 행동
- 완벽주의

불안의 유형

불안 장애의 신호일 수 있는 행동들을 아는 것에 더하여, 청소년이 겪는 가장 흔한 불안 유형에 관해 잘 아는 것이 도움이 된다.

범불안 장애

범불안 장애는 가족 문제, 관계, 성적, 친구 관계, 스포츠 그리고 다양한 일상 활동에 대해 과도하게 걱정하는 것이 특징이다.

강박 장애

엄밀히 말해서, 강박 장애는 더 이상 불안 장애가 아니지만, 어떤 유형이든 불안감을 지닌 청소년은 이른바 '강박 장애와 유사한' 증상을 드러낸다.

강박 장애는 원하지 않거나 거슬리는 생각들(강박관념), 그리고 불안에 대처하기 위한 방식으로 반복적으로 자신만의 의식을 수행(강박 행동)하지 않으면 안 된다는 느낌이 드는 것이 특징이다. 일부 청소년들이 자신은 '사고 강박'이 있다고 말하는 걸 들어 보았을 것이다. 문이 잠겼는지 확인하기, 자주 손 씻기, 특정 사물을 꼭 만져야 한다거나, 매번 정확한 순서로 어떤 일을 해야 하는 것으로, 신체적 강박 증상은 없다. 오히려 이런 친구들은 천장의 타일 수를 세거나 빠르게 확장하는 생각을 좇는 것과 같은 인지 강박이 더 강하다. 그런 생각들이 끝없이 꼬리에 꼬리를 물어 다른 생각들로 쪼개지고 또 쪼개진다. 한 청소년은 자기 상태에 대해 이렇게 말한다. "제 생각들은 천장에 달린 선풍기의 날개 같은데, 하나의 날이 지나가면 더 많은 날을 가진 새로운 선풍기가 나타나곤 해요."

공황 장애

일반적으로 청소년이 2회 이상 공황 또는 불안 발작을 경험하면 공황 장애로 정의하는데, 발작을 일으킨 뒤 적어도 한 달은 또 다른 공황 발작이 일어날까 봐 걱정한다.

외상 후 스트레스 장애

이러한 유형의 불안 장애는 정신적 외상을 입힌 사건을 경험한 후 극심한 공포와 불안을 겪는 개인들을 괴롭힌다. 청소년은 정서적으로 무감각해지고, 쉽게 짜증을 내며, 특정 사람, 장소, 비슷한 상황을 피할 수도 있다. 물론 정신적 외상을 남긴 사건을 경험한 모든 청소년이 외상 후 스트레스 장애로 발전하는 건 아니다. 트라우마는 보는 사람에 따라 다를 수 있다는 것을 어른들이 아는 것이 중요하다. 어떤 청소년에게는 트라우마가 될 수 있지만, 다른 청소년에게는 그렇지 않을 수 있다는 의미다. 성격이나 자기 인식 같은 내적 자원과 신체 운동과 같은 좋은 습관 그리고 충격적인 사건을 이해하고 관리하는 데 도움을 줄 힘이 되는 친구나 어른 같은 외적 자원이 어떻게 결합되느냐에 따라 트라우마로 남을지 아닐지가 개인마다 다르게 나타난다. 트라우마는 그들의 삶에서 특정 시기에 일어난 특정 사건에 대해 어떻게 대응하느냐에 따라 좌우된다. 예를 들어, 세 친구가 친하게 지냈는데 그중 한 친구가 사망하는 일이 일어난다. 이 사건이 한 아이에게는 트라우마로 남고 다른 아이에게는 그렇지 않을 수도 있다. 한 아이는 그 사건을 다루는 데 도움을 줄 친구와 가족 그리고 보살펴 줄 어른들의 건강하고 든든한 네트워크를 활용할 수 있지만, 다른 아이는 공감하고 지지해 줄 사람들을 차단하여 스스로 고립될 수도 있다.

분리 불안 장애

주로 7세에서 9세 사이의 어린이들에게 발생하는 분리 불안은 소수의 청소년에게도 나타난다. 이러한 청소년들은 집을 떠나 있거나 부모님이나 양육자에게서 분리될 때 매우 불안해한다.

사회 불안 장애

사회 불안 장애는 급식실에 가거나 활동에 참여하기, 또래들(잘 아는 친구든 모르는 친구든)과 대화하기 같은 사회적이고 남들에게 자신을 드러내야 하는 상황이나 활동에 심한 두려움을 느끼는 것이다. 사회 불안 장애는 제트Z세대 청소년들에게서 점점 더 많이 보인다. 그들은 온라인을 통한 소통을 더 편안해하는데, 가상현실에 과도하게 빠지면 사람과 직접 대면하면서 상호작용하는 시간을 차단한다. 이런 연유로 많은 청소년이 얼굴을 마주하고 상호작용하거나 대화하는 능력을 점점 상실하고, 그런 상황에 직면하면 엄청난 불안을 느낀다.

불안과 우울증의 경고 신호와 증상을 읽으면서 이런 특징들은 그저 사춘기의 '징후'가 아니냐고 생각하는 사람이 많을 수도 있다. 그럴 수도 있다. 그렇다면 어떤 행동이나 증상이 정상 범주에 속하는지 또는 비정상을 나타내는 표시인지 어떻게 알 수 있을까?

정상 행동 대 비정상 행동

청소년이 조금 못되게 굴고, 매사에 위축되어 있고, 더 솔직히 말해서, 불쾌하게 행동하는 건 정상이다. 그러나 청소년의 태도가 '전형적인 십 대'의 행동인지, 불안이나 우울의 경고 신호를 보이는 것인지 어떻게 구별할 수 있을까? 전형적인 십 대의 행동과 위험 신호를 어떻게 구별할 수 있을까?

외모

정상

패션은 끊임없이 변하고, 십 대들에게 이런 변화를 따라가야 하는 일은 아주 중요하다. 청소년에게는 유행에 속해 있으면서 남들보다 돋보이는 것 이 두 가지가 동시에 중요하다. 청소년은 외모를 통해 자기 자신만의 모습을 유지하면서 멋져 보이고 싶어 한다. 최근의 청소년들은 이전 세대보다 훨씬 더 문신과 피어싱을 좋아한다. 유행을 따르면서도 돋보이려는 그들만의 방식이다. 물론 부모들이 자녀에게 피어싱이나 문신을 허용하는지에 대해서는 생각이 다르겠지만, 청소년들이 그런 유행을 따르고 싶어 하고 문신이나 피어싱을 하려는 것이 정상이라는 점을 아는 게 중요하다.

비정상

청소년들이 특히 사회적으로나 학교와 관련된 문제를 겪고 있을 때 급격한 외모 변화를 보이거나, 칼로 베는 것과 같은 자해 행동을 보이는 것은 정상이 아니다. 이런 행동은 즉시 전문가의 도움을 받아야 한다. 갑자기 급격하게 체중이 줄거나 느는 것 역시 전문가의 도움이 필요한 위험 신호다.

반항적인 태도

정상

청소년은 성장함에 따라 추상적인 사고 능력도 커진다. 청소년들이 새롭게 얻은 비판적 사고 능력과 자기 자신이 되고자 하는 그들의 욕구를 조합해 보면, 그들을 돌보는 어른들에게 스트레스를 주는 원천을 알 수 있다. 논쟁적이고, 강한 호기심을 드러내고, 회의적이고, 질문하고, 의심하고, 순종적이지 않은 태도는 모두 십 대의 정상적인 행동이며, 예상해야 한다. 그들이 얼마나 잘 양육되었는지, 그들이 얼마나 착한지는 상관없다.

비정상

착하고 상냥하고 지금까지 잘 따르던 청소년이 우리를 걱정시키거나, 다른 사람을 만족시키려는 건강하지 못한 욕구를 드러내거나, 실수를 저지르는 것에 대해 극도로 불안해할 수도 있다. 한편, 집이나 학교에서 사람들과 계속해서 싸움을 벌이고, 폭력, 잦은 결석, 범법 행위를 저지르는 것은 우려스러운 행동이며, 주의 깊은 관찰과 일정 정도의 개입이 필요하다.

기분

정상

발달하고 있는 십 대의 뇌는 붕붕거리는 벌집과 같다. 그 안에서는 많은 일이 벌어지고 있다. 호르몬의 생성과 조절, 자신의 성격을 통합하고, 삶을 이해하고, 세상에서 생존하고, 의미를 발견하도록 돕는 일련의 과정들은 청소년들에게 안정적인 기분을 유지하기 힘들게 한다. 성인에게 일반적으로 기대하는 안정감을 볼 수 없다. 행복하거나 즐거운 감정에서부터 슬퍼하고, 걱정하고, 특정 생각에 사로잡혀 있고, 짜증을 내고, 화를 내는 것에 이르기까지, 성장하고 있는 십 대에게는 모두 정상이다.

비정상

십 대에게 너무 심하거나 빠른 기분 변화 또는 지속적으로 일어나는 기분의 동요와 성격상의 갑작스러운 변화는 정상이 아니다. 학교 활동에서의 변화에 주의를 기울여야 한다. 성적 하락, 특히 설명할 수 없는 갑작스러운 성적의 하락은 걱정할 만한 원인이다. 수면 패턴의 변화, 잠들기 힘들어하고 숙면을 취하지 못하는 것도 논의되어야 한다. 조금이라도 자살을 언급한다면 진지하게 받아들여야 한다. 십 대가 자기 자신을 해치지는 않더라도, 이런 일은 내면의 우울, 관심을 받고 싶어 하는 절박한 욕구, 상황에 적절하게 대처하지 못하는 능력과 거기에 동반된 감정을 드러낸다. 규칙적으로 해 오던 생활에서 어떤 갑작스럽고 급격한 변화가 생겼다면 주의를 기울이고 논의해 보아야 한다.

각종 물질

정상

청소년 대부분은 갖가지 약물, 알코올, 담배(니코틴이 함유된 제품) 등을 사용하고 싶어 하거나 시험 삼아 해 보고 싶어 한다. 이런 물질들이 십 대의 뇌에 실제로 어떤 영향을 미치는지 개방적이고 솔직하게 토론하는 게 중요하다. 이 물질들이 청소년의 뇌에 미치는 영향에 관한 최근의 과학적 연구를 활용하는 것과 더불어, 이런 물질을 남용하는 행위의 의미(가치)와 기대치 그리고 결과에 대해서도 논의해야 한다.

비정상

어느 것이든 특정 물질의 습관적 사용은 큰 주의가 필요한 사안이다. 앞서 이야기했듯이, 이런 비정상적인 행동이 집, 학교, 사회생활에서 다른 문제와 결합되면 분명 더 큰 주의가 필요하다.

인간관계

정상

십 대는 성장하면서, 부모의 영향보다 또래나 다른 지도하는 어른들의 영향을 더 받는다. 십 대 청소년에게 학교와 친구들과의 우정은 제2의 집이자 가족이다. 가족에게서 벗어나려는 십 대들의 태도는 아주 정상적이지만 부모에게는 가슴 아프고 걱정스러운 일이다. 당신이 부모라면 십 대 자녀와 그 일에 관해 의논해야 하지만, 이런 일은 십 대들의 정상적인 행동임을 먼저 이해해야 한다. 당신이 교사나 사목자라면, 이렇게 변화하는 역동성에 민감해야 한다. 그리고 가능하다면, 이런 건강하고 필수적인 과정이 그들을 보살피려는 사람들에게 어떤 영향을 미치는지에 대해 십 대가 공감하는 마음을 키울 수 있도록 당신의 영향력을 잘 활용하라.

비정상

충분한 설명도 없이 갑자기 친구 또는 또래 집단을 바꾸었다면, 관심을 기울여야 한다. 친구들에게 영향을 받아 불법을 저지르거나, 합리적인 규칙과 기대를 노골적으로 따르지 않거나, 자신이 한 행동의 결과를 받아들이기를 거부한다면 더 주의 깊게 살펴보아야 한다.

영성생활

정상

십 대들이 자신의 신앙에 대해 의문을 품고, 하느님의 존재를 의심하

고, 종교 지도자들과 제도에 대해 회의적이 되고 따지는 것은 정상이
다. 이런 행동은 정상일 뿐만 아니라, 이런 과정에서 어른들에게 적
절한 지지를 받는다면, 이러한 '저항할 수 없는 권위에 저항하는' 행
동은 그저 의무감으로 성당에 다니며 신앙생활을 하는 것보다 십 대
자신만의 신앙과 영성 그리고 삶의 윤리를 형성하는 데 긍정적인 영
향을 끼칠 수 있다.

비정상

믿음에 대한 갑작스러운 변화, 미사 참례 거부, 삶의 다른 분야에서
다른 문제가 일어나고 특히 성당에 가는 것 또한 두려워한다면 주의
를 기울여야 할 경고 신호다. 하느님에 대한, 종교 또는 종교 제도에
대한 그들의 믿음이나 태도의 변화에 관해 십 대들과 이야기 나눌 수
있는 여러 방법이 있다. 7장에서 소개할 경청에 관한 여러 수단이 큰
도움을 주겠지만, 하느님을 믿지 않으려 하거나 교회에 반발하는 십
대의 문제를 다룰 때 도움이 될 조언 몇 가지를 덧붙이겠다.

1. 너무 당황하지 말자. 신앙이 당신 자신에게 중요하고, 이 소중한
    신앙을 십 대들이 그들의 생활에 통합시키기를 간절히 원하는
    만큼, 신앙에 반발하는 일은 긴급하지도 않고, 응급 사태도 아니
    다. 이 문제에 과도하게 반응하거나 당황하면 십 대들은 당신이
    제공할 수 있는 도움을 거절할 수도 있다.
2. 십 대들에게 질문을 하고 경청하고, 그들이 말하는 내용을 이해

했는지 확실하게 확인해야 한다. 십 대들에게 하느님이나 교회의 가르침을 믿게 하려고 설득하려 들거나 회유하거나 강요할 필요가 없다. 그렇게 하면 그들은 저항할 것이고, 당신은 시간을 낭비하게 된다. 그들에게 진짜로 무엇이 궁금한지 진심으로 질문하고, 그들의 답변을 듣자. 그런 다음 당신이 정말 잘 이해했는지 확인하기 위해 들은 내용을 그들에게 다시 한번 말한다. 이런 소통 방식은 십 대들에게 교회를 떠나지 않게 하고, 한 사람의 인격으로 존중받는다는 느낌을 줄 것이다.

3. 종교적 믿음이나 행위에서 십 대들이 보이는 갑작스러운 변화는 종종 또래 집단의 변화나, 하느님이 보호해 주시기를 바랐지만 도움을 받지 못했다고 생각하는 부정적인 경험 때문에 생겨난다. 이런 일은 또 청소년들이 종교 지도자에 대해 보았거나 듣게 된 명예롭지 못한 행위나 그와의 부정적인 경험 때문에 생길 수도 있다. 당신이 청소년의 말을 잘 들어 주면 이런 문제가 표면으로 드러나게 된다. 그럴 때 당신은 그런 문제에 대해 의논할 기회를 가질 수 있고, 그런 기회야말로 청소년에게 정말로 필요하다.

어른들이 어떻게 도울 수 있을까?

스트레스의 신호와 증상들을 파악하는 일이 중요하다. 당신은 도와주고 싶기 때문에 이 책을 읽고 있을 것이다. 이 책에는 십 대를 돕는

데 필요한 실제적인 조언이 많이 있지만, 관찰하기, 경청하기, 질문하기처럼 간단한 것부터 소개한다.

경청하기

십 대들은 끊임없이 어른들과 소통하고 있는데, 어른들은 너무 자주 산만하고 온전히 관심을 기울이지 않는다. 십 대들은 이것을 잘 알고 있으며, 우리가 십 대들에게 온전하게 주파수를 맞추지 않으면 그들은 마음속에 들어 있는 진짜 중요한 관심사를 말해 주지 않는다. 경청하고, 경청하고 더욱 경청하자. 잘 이해했는지 확인하기 위해 질문을 하자. 당신이 귀찮은 존재가 되고 있다는 점을 인정하되, 십 대들에게 당신이 정말로 잘 이해하는 게 중요하다는 것을 말해 주자. "그래, 내가 잔소리꾼이라는 걸 나도 알아. 난 사실 그렇게 생각하지 않지만, 네가 진짜로 원한다면 널 귀찮게 하지 않을게. 하지만 네가 지금 무슨 일을 겪고 있는지 난 정말 이해하고 싶어. 넌 '아무 일도 아니라고' 하지만, 나한테는 그게 '뭔가 중요한 일' 같거든."

관찰하기

태도, 성적, 친구, 인간관계 그리고 그 외 다른 행동에 급격한 변화가 있는가? '지속적으로' 분노를 표출하고 있는가? 십 대가 보인 반응의 '강도'가 그런 반응을 촉발시킨 사건에 비해 너무 과한 건 아닌가? 외모, 체중 또는 스타일에서 '갑작스럽고' 급격한 변화가 생겼는가?

질문하기

아이를 키우려면 마을 하나가 필요하다는 말이 있다. 그런데 오늘날에는 마을에 사는 사람이 거의 없다. 우리가 의도적으로 그런 마을을 재창조해야 한다. 교사들, 사목자들, 당신이 걱정하고 있는 청소년의 친구들, 부모들, 가치관을 공유하고 있는 당신의 친구들, 전문가들, 그리고 그 십 대를 알고 있으며 당신이 그 십 대를 제대로 보살피고 있는지 아니면 문제가 있는지 이야기해 줄 수 있는 다른 사람들에게 질문해야 한다. 당신이 걱정하는 행동이나 변화를 설명할 때, 청소년들의 언어적 반응과 얼굴 표정에 일관되게 나타나는 것을 찾아내자. 무언가 문제가 있다고 판단되면, 그때가 바로 도움을 요청할 때다. 믿을 만한 판단을 내려 줄 사람에게 문제의 심각성을 판단할 수 있도록 도와줄 전문가를 추천해 줄 수 있는지, 당신이 할 수 있는 일은 무엇인지 물어야 한다.

핵심 내용

- 우울증은 매우 흔하지만 심각한 기분 장애로, 최소 2주 동안 수면, 섭식, 일 같은 일상 활동을 느끼고, 생각하고, 처리하는 방식에 영향을 미친다. 증상이 경미할 수도 있지만 때로 심각할 수도 있다.

- 오늘날 청소년을 돕고 싶어 하는 어른들이 우울증의 여러 증상을 제대로 인지하지 못하면, 효과적으로 도움을 줄 수 없다. 많

은 청소년은 자신이 우울하다는 사실을 인지하지 못하기도 하는데, 징후를 인지한 어른이 치유의 열쇠가 될 수 있다.

- 불안 장애를 겪는 청소년들은 일반적인 걱정이나 두려움 그 이상을 경험한다. 그들은 종종 보통의 두려움도 훨씬 강렬하게 경험하거나, 결과적으로는 진정되는 정상적이고 일시적인 불안과는 대조적으로, 더 반복적으로 또는 끊임없이 경험하기도 한다.
- 청소년에게 드러나는 불안 신호는 매우 다양한데, 안절부절못함, 자해 그리고 우울 등을 포함한다.
- 청소년들이 경험하는 불안 장애에는 여러 유형이 있는데, 사회 불안 장애, 공황 장애 그리고 강박 장애 등이 포함된다.
- 청소년과 함께 활동하려는 어른들은 청소년에게 가능한 한 최고의 지원을 제공하기 위해, 불안 및 불안 장애의 다양한 징후와 유형들을 알고 있어야 한다.
- 십 대에게 나타나는 비정상 행동으로는 외모, 기분, 사회집단의 갑작스러운 변화, 갖가지 약물 남용, 반항 그리고 영성 생활에서의 변화가 있다.
- 스트레스 및 불안 장애를 겪는 십 대를 도우려는 어른들은 그들의 말을 주의 깊고 사려 깊게 경청해야 한다. 행동, 태도 또는 외모의 갑작스런 변화를 관찰하고, 다른 어른들에게 지침과 지원을 받을 수 있도록 질문함으로써 효과적으로 도울 수 있다.

스스로에게 질문하기

1. 청소년에게 나타나는 불안과 우울의 증상 가운데, 내가 청소년 이었을 때나 성인이 된 뒤의 경험에서 발견할 수 있는 것은 무엇인가?
2. 내가 불안이나 우울 또는 이 장에서 소개된 장애로 고생한 적이 있다면, 나는 어떻게 대처했거나 대처하고 있는가? 치유하기 위해 나는 어떤 방법과 어떤 사람들에게 의존하는가?
3. 오늘날 어른들이 청소년들에게 나타나는 불안과 우울 신호를 놓치거나 잘못 이해하는 이유는 무엇일까?
4. 청소년들과 활동하고 있는 어른들과 함께 내가 살고 있는 지역에서 '마을 만들기' 문화를 창조하는 데 나는 어떻게 참여할 수 있을까?

영감을 북돋우는 기도

선행과 서로 나누는 일을 잊지 마십시오. 하느님은 이런 제사를 기뻐하십니다.

— 히브 13,16

내 계명은 이렇습니다. 내가 여러분을 사랑한 것처럼 여러분도 서로 사랑하시오. 누가 자기 친구들을 위해서 목숨을 내놓는 것,

그보다 더 큰 사랑은 아무도 지니지 못합니다. 누가 자기 친구들을 위해서 목숨을 내놓는 것, 그보다 더 큰 사랑은 아무도 지니지 못합니다. 내가 여러분에게 명하는 것을 행하면 여러분은 나의 친구들입니다. 나는 여러분을 더 이상 종들이라고 부르지 않겠습니다. 사실 종은 자기 주인이 무슨 일을 하는지 모르기 때문입니다. 나는 여러분을 친구들이라고 불렀습니다. 내가 내 아버지에게서 들은 것을 모두 여러분에게 알려 주었기 때문입니다. 여러분이 나를 택한 것이 아니라 내가 여러분을 택했습니다. 내가 여러분을 내세운 것은, 여러분이 떠나가서 열매를 맺고 그 열매가 남아 있도록 하려는 것이요, 그리하여 여러분이 내 이름으로 아버지께 청하는 것은 다 그분이 여러분에게 주시도록 하려는 것입니다. 내가 여러분에게 명하는 바는 이것입니다. 여러분은 서로 사랑하시오.

— 요한 15,12-17

네가 할 수만 있다면 도와야 할 이에게 선행을 거절하지 마라.

— 잠언 3,27

기뻐하는 이들과는 함께 기뻐하고 우는 이들과는 함께 우시오.

— 로마 12,15

6. 성공에 대한 과도한 압박감 피하기

열여섯 살 고등학교 2학년인 앨리는 내가 전체 학생을 대상으로 불안과 우울에 관한 강의를 끝내자 나를 따라왔다. 앨리는 학생회장이었고, 학교의 다른 여러 모임과 활동에서 주도적인 역할을 맡고 있었다. 앨리의 부모님 둘 다 성공한 사람이었다.

"로이 선생님, 선생님이 말씀하신 내용이 매우 도움이 되었어요." 앨리가 말했다. "근데 제 불안에 대해 제가 할 수 있는 일은 뭐죠? 제 말은, 불안에 대해 뭔가 해야 할 것 같아서요."

"그렇구나, 불안에 대해 무엇을 하고 싶니?" 내가 물었다.

"모르겠어요. 그냥 바로잡고 싶어요." 앨리는 그녀가 이미 잘해왔던 여러 프로젝트와 임무처럼 불안을 처리하고 싶다는 듯이, 단호한 목소리로 말했다.

"무엇을 바로잡고 싶은 거니?" 내가 재차 물었다.

"제 불안이요." 앨리는 실망했다는 듯이, '그게 아니면 뭐겠어? 멍청하긴' 하는 표정으로 말했다.

"그래, 그럼 네 불안을 일으키는 게 뭐라고 생각하니?"

"몰라요."

"알겠다. 오랫동안 많은 청소년과 일해 보니, 아무리 빨리 불안을 없애려고 해도, 먼저 너와 내가 불안이 어떻게 발생했는지 알아내지 않고서는 아무 효과가 없더라고. 그래서 물어보는 거야. 많은 사람이 불안의 원인을 알아낸 뒤에도 사실 불안을 없애고 싶어 하지 않는다는 걸 알면 놀랄 걸. 때로 사람들은 불안이 어떤 일을 해내는 데 도움이 된다는 걸 발견하지. 너 역시 일을 잘 해내고 싶어 하는 사람인 것 같구나. 그런 청소년들이 수천 명이 있기 때문에 내가 알지. 그런 청소년의 약 30퍼센트가 불안을 겪고 있는데, 지금 당장 불안에 대해 뭔가 하고 싶어 하는 유일한 사람은 바로 너야. 그건 참 다행스러운 일이고."

"음 ….." 앨리는 잠깐 생각에 잠겼다. "생각해 보니, 선생님 말씀이 맞네요. 그게 도움이 되겠어요."

"어떤 식으로?" 내가 물었다.

"음, 그게 저를 자극하는 것 같아요."

"어떻게 그렇지?"

"실수를 하거나 뭔가를 망칠까 봐 걱정이 될 때, 저는 다른 방법을 쓸 수 있거든요."

"다른 방법을 쓰면 무슨 일이 생기니?"

"그 일을 해내죠. 많이요." 앨리는 성취해 내는 것을 얼마나 좋아하는지 드러내며 미소를 지었다.

"알겠다. 나도 뭔가 해내는 걸 좋아하거든, 정말 좋아해."

앨리는 우리 두 사람이 어떤 면에서 비슷하다고 생각했고, 그래서 같이 웃었다.

"하지만 진짜 문제는, 실수한다는 게 너한테 어떤 의미인지 같은데." 내가 물었다.

"그러니까 …, 실패한다는 거죠. 실패는 제가 선택할 수 있는 게 아니에요." 그녀가 말했다.

"실패하면 무슨 일이 일어나지? 부모님께서 너에게 화를 내시니?" 내가 물었다.

"아뇨, 전혀 그렇지 않아요." 그녀가 말했다. "부모님은 제가 B를 맞거나 뭔가 잘못하면 오히려 기뻐하실 걸요."

"정말?" 그녀의 부모님이 그녀의 가능성을 성취하도록 압력을 가하고 있다고 생각했기에 나는 믿지 못하겠다는 투로 물었다.

"네, 부모님은 제가 저 자신을 너무 몰아붙인다고 생각하세요. 부모님은 늘 무리하지 말라고 하시거든요." 그녀가 말을 이었다. "하지만 저는 성공하고 싶고, 성공하기 위해선 열심히 해야 한다는 걸 알아요."

"'성공'에 대해 이야기했는데, 너한테 그게 어떤 의미가 있는 거지?" 내가 물었다.

"이 학교에 다니는 모든 애들한테도 마찬가지일 텐데, 좋은 대학에 들어가고, 좋은 직장을 얻고, 그런 거죠."

"아하, 성공이 의미하는 게 그게 다니?" 내가 물었다.

"음, 저는 행복해지고 싶어요. 근데 좋은 회사에 들어가서 돈을 많이 벌지 못하면, 저는 행복할 수 없을 것 같아요."

오늘날 많은 청소년처럼, 앨리도 자신에게 성공이 정말 무엇을 의미하는지에 대해 생각하는 데 시간을 많이 들이지 않았다는 사실을 나는 깨달았다. 앨리에게 성공은 도달해야 할 목적지였다. 그것이 무엇을 의미하든, 그저 '좋은' 일자리를 얻고, '많은 돈'을 벌 때, 자신의 목적지에 도달한다고 생각할 것이다. 다른 많은 청소년이 그렇듯, 그녀는 이런 것들이 그녀를 행복하게 해 줄 거라고 생각했다. 그러나 우리는 '좋은' 일자리와 '많은' 돈을 갖고 있는 많은 사람이 실은 행복과는 거리가 먼 생활을 하고 있다는 사실을 잘 알고 있다. 좋은 일자리와 많은 돈이 행복의 비결이라면, 수많은 인기 연예인, 백만장자와 억만장자가 자신의 목숨을 저버리는 일은 일어나지 않을 것이다.

원하는 것 대 진정으로 원하는 것

고인이 된 미국 정신과 의사 롤로 메이는 우리가 원한다고 생각하는 것보다 더 깊이 들어가 '진정으로' 원하는 것을 발견하고 추구하는 방법을 찾을 수 있을 때에만 참으로 행복해질 수 있다고 말했다.

앨리가 성장하면서, 좋은 직장과 많은 돈이 그녀를 행복하게 해 주는 한 가지 원인이 될 수 있지만 반드시 그런 것은 아니라는 것을 배웠으면 좋겠다. 우리가 더 만날 기회가 있다면, 앨리는 행복해지기 위해 그녀가 진정으로 원하는 것을 발견하는 데 한 발짝 더 다가 갈 수 있을 것이다. 트라피스트 수사이자 저명한 영성가인 토마스 머튼은 "사람들은 성공이라는 사다리를 오르려고 평생을 바치지만, 정상에 오르고 나서야 사다리가 잘못된 벽에 기대어 있다는 사실을 알게 된다"라고 했다.

성공과 행복은 청소년의 삶에서 중요한 문제이므로, 비판적으로 생각하고 철저하게 논의되어야 한다. 이 부분에서 우리의 역할이 청소년의 성장에 매우 중요하다. 하느님, 신앙, 공동체 그리고 봉사가 그들의 성공과 행복에 어떤 역할을 하는지 생각해 보도록 도와줄 능력이 우리에게 있다. 청소년들이 진정으로 원하는 삶을 영위할 수 있도록 '성공'과 '행복'을 정의할 수 있게 우리가 어떻게 도울 수 있을까?

완벽주의의 이면

우리는 예수님께서 "여러분의 하늘의 아버지께서 완전하신 것같이 여러분도 완전해야 합니다"(마태 5,48)라고 하신 마태오복음서의 구절을 잘 알고 있다. 완벽주의에 대한 지나치게 서구 중심적인 관념으로 이 성경 구절이 근본적으로 잘못 이해되면서, 많은 사람이 자기 자신에게 무자비한 태도를 취하고, 삶의 어떤 영역에서도 실수하면 안 된다는 잘못된 요구를 하게 되었다. 완벽주의적인 청소년에게, 사소한 잘못을 저지르는 일은 가장 큰 죄다. 최근에 시험에서 작은 실수를 해서 98점을 맞은 한 아이가 나에게 이렇게 말했나. "그보다는 잘하는데, 문제를 다 맞혔어야 했는데 …." 이 말을 번역하면 이렇다. "나는 완벽해야 해. 이런 나 자신을 받아들일 수 없어."

많은 어른들에게도 이런 신념은 진리이다. 조직 신학 및 영성 신학자인 로널드 롤하이저 신부는 그리스어 '완전'의 의미는 그런 게 아니라고 설명한다. 그렇다면 이 성경 구절을 어떻게 해석해야 할까? 롤하이저 신부에 따르면, 성경에 사용된 그 단어는 '자비'로 번역하는 게 더 정확하다고 한다. 롤하이저 신부가 이 대목을 "여러분의 하늘의 아버지께서 자비로우신 것처럼 여러분도 자비로우십시오"라고 읽는 게 더 정확하다고 말한 기억이 난다. 우리의 자비가 완전할 때에만 하느님께서 이 구절에서 우리에게 요구하신 바를 따르는 것이다.

우리의 삶에서 어떤 것을 변화시키고 싶다면, 우리는 먼저 그것을 인정하고, 그런 다음 그것을 받아들이고, 끝으로 그것을 변화시켜야 한다(이름 붙이기, 주위에 알리기, 다스리기). 예컨대, 체중을 줄이려고 할 때, 처음에는 꽤 많이 줄어들지만 그러다가 멈춰 버린다. 그러나 먼저 내 비만이 유전적인 요인 때문이라기보다 강박적이고 정서적으로 과식하기 때문이라는 사실을 인정하고 나면, 그런 정체를 깨뜨릴 수 있다. 내가 그런 사실을 인정하기 시작하고(이름 붙이기), 그것을 받아들이고(주위에 알리기), 그런 뒤에야 진짜 문제에 대처하기 시작할 수 있다(다스리기). 비만은 나의 정서적 장애의 부차적인 문제이기 때문이다.

거부의 힘

언젠가 내 오랜 친구가, "이집트에서 나일강이 하루아침에 긴 강이된 게 아니라고"라는 농담을 했다. 고통을 회피하고 쾌락을 추구하려는 인간의 자연스러운 본능을 극복하는 것이 얼마나 어려운지를 표현한 것이다. 청소년들이 어느 날 잠에서 깨어나 스스로에게, "너 그거 알아? 오늘 나는 성공에 대한 건강하지 못한 정의를 채택해 왔다는 사실을 거부해야 할 것 같아"라고 말할 리 없다. 거부는 시간이 지나면서 서서히 일어나고, 또 우리는 많은 것을 거부하고 있다는 사실을 잘 깨닫지 못한다. 자신의 경험을 설명할 능력을 키워 가고 있는 청소년들에게, 거부는 훨씬 더 쉬운 일이다.

'있는 그대로' 대하도록 돕기

나는 십 대 청소년들이, 사람들이 그들을 '있는 그대로' 대할 때 너무 좋다고 말하는 것을 자주 듣는다. 청소년 자신들도 좀처럼 알아채지 못하지만, 자기 자신을 있는 그대로 대하는 것은 그들에게 도전적인 과제다.

있는 그대로 대하기는 자신에게 진실하기 그리고 약한 점을 인정하는 것을 의미한다. 이것은 자신의 재능과 약점에 대해 솔직해져야 한다는 의미다. 있는 그대로 대하기는 날마다 자기 자신에게 "나는 완전하지 않아. 나는 완전하도록 창조되지 않았어. 하지만 결국 나에게 아무 해를 끼치지 않는 방식으로 최선을 다할 수 있어"라고 인정하는 일을 의미한다.

어른들이 중대한 역할을 할 수 있는 분야가 바로 여기다. 때로 청소년들에게는 현실을 볼 수 있도록 도와줄 어른이 필요하다. 나이와 성숙도에 따라 다르지만, 청소년들은 자신을 '있는 그대로' 대하는 능력이 부족할 수 있다. 부모나 다른 돌보는 어른의 애정 가득하지만 도전적인 말은 청소년이 자기에게서 벗어나 스스로를 보도록 도울 수 있다. 열 살이 채 안 된 아이가 이런 작업을 스스로 하기는 어렵다. 이 시기의 두뇌는 아직 자신이 어떻게 느끼는지에 대해 생각하거나 자신을 성찰하는 능력까지 발달되지 않는다. 다시 말해, 불가능한 것은 아니지만, 여섯 살짜리 어린이가 자신에게 불안한 사고 패턴이 있다는 것을 인식하기는 힘들 것이다.

열 살 이전이나 십 대 청소년의 경우, 개별화 과정, 즉 함께 생활하고 있는 부모나 어른들, 심지어 또래 친구들과 구별되는 한 인격이 된다는 것은 온 세상을 앞에 둔 무대 위에 서는 것 같다는 느낌이 들게 할 수 있다. 사람들이 온통 자신만 바라보고 판단하는 것 같다고 느낀다. 어른들에게 이 과정은 자기 몰두, 외모에 대한 집착, 심지어 나르시시즘처럼 보인다. 이런 모든 느낌은 정상이지만, 이런 내면의 무대는 자신을 있는 그대로 대하는 법이나 그들 주변에서 또 자신 안에서 정말로 무슨 일이 일어나고 있는지 알아내는 것을 힘들게 만든다. 있는 그대로 대하기 작업은 다음과 같은 방식으로 할 수 있다.

- 경청하기. 우리가 십 대들의 말을 들을 때, 그들이 자기 자신에게도 귀 기울이도록 도울 수 있다. 청소년은 자신의 말을 적극적으로 들어 주는 자상한 어른에게 이야기하면서 자신에 대해 많은 것을 배울 수 있다. 경청의 중요한 역할에 대해서는 8장에서 자세히 다룰 것이다.

- 청소년에게 들은 내용을 요약해서 다시 말해 주기. 예를 들면, "그러니까 내가 제대로 들은 거라면, 네가 여자 친구랑 헤어져야 할지 말지 정말로 혼란스럽다는 거네. 내가 제대로 이해한 거니?"라고 말한다.

- 관찰한 것을 이야기해도 되는지 허락 구하기. 그냥 불쑥 말하는 게 아니라 관찰한 내용을 말하거나 충고를 해도 되는지 허락을 구하는 게 훨씬 효과적이다. 이것은 청소년의 자존감을 존중하는 일이며, 그들이 당신의 관찰이나 충고를 듣고, 평가하고, 그러고 나서 받아들일지 거부할지 등에 대해 당연히 생길 수 있는 저항을 줄일 기회를 준다.

완벽주의

완벽주의는 종종 불안의 한 종류로 인지되지 않는다. 다음은 완벽주의가 청소년의 생활에서 어떻게 나타나는지를 보여 주는 몇 가지 예이다.

- 비난받을 기미가 보이면 비정상적으로 자기를 비하하거나 우울해하는 청소년
- 시험에서 98점을 받았을 때, "그 2점짜리 문제를 맞혔어야 했는데, 그걸 위해 며칠이나 공부했는데!"라며 스스로를 질책하고 우울해하는 청소년
- 끊임없이 다른 사람들의 인정받기 위해 '기쁨조' 역할을 하는 청소년 (그렇다, 다른 사람을 기쁘게 하려는 행동은 완벽주의의 한 형태일 수 있다)
- 답을 알고 있고, 선생님도 자신이 답을 알고 있다는 걸 아는데도, 틀릴까 봐 수업 시간에 절대 손을 들지 않는 청소년
- 운동을 잘하지만 최고가 될 수 없다는 이유로 운동을 그만두는 청소년
- 사실 굉장히 잘한 과제인데 교사가 형편없다고 생각할까 봐 과제를 내면서 우울한 표정을 짓는 청소년
- 잘못한 일이 전혀 없는데도 늘 '미안하다'고 말하는 청소년
- '잘'했는지, '잘못'했는지 늘 확인하려 드는 청소년
- 거의 모든 일을 아주 완벽하게 수행해야 한다고 생각하는 청소년 (하지만 어떤 연유에서인지 침실 청소는 완벽함이 요구되는 일에서 벗어나 있곤 한다)
- 가톨릭 신자인 경우, 늘 고해성사를 바치는 청소년. 종교를 가진 사람들 사이에서 이런 경향은 종종 '세심증'(scrupulosity)이라 지칭된다.

이런 모든 예에서 원인은 바로 불안이다. 표면적으로는 불안해 보이지 않지만 실제로는 그렇다. 점점 더 많은 청소년이 학업 성적이나 운전면허증 취득하기, 종교 활동 등에 흥미를 잃어 가고 있는 문화적 배경에서 볼 때, 완벽주의적인 청소년은 영웅이나 심지어 성인聖人으로 보일 지경이다! 이것이 완벽주의적 불안을 식별해 내기 힘들게 하고, 치료하기도 어렵게 만드는 이유 중 하나다.

완벽주의는 아주 오랫동안 건강한 그리스도교적 삶의 목표로 칭송되어 왔기 때문에 불안으로 잘 인식하지 못한다. 이러한 유형의 불안이 어떻게 우리 문화에서 번성할 수 있었는지 확인하는 일은 어렵지 않다. 다음과 같은 점을 생각해 보자.

- 마태오복음서(5,48)에 나오는 "여러분의 하늘의 아버지께서 완전하신 것같이 여러분도 완전해야 합니다"가 어쩌다가 완전함을 추구하는 것으로 되었을까? 완전함에 초점을 맞추는 대신, 우리는 이 구절을 이웃의 필요와 고통에 공감하고 더욱 연민을 드러내려 노력하는 것에 대해 이야기할 기회로 삼아야 한다.
- 완전함에 대한 서구의 관념은 '한 치의 오점도 없는 상태'라는 의미로 편협하게 이해되곤 한다. 대조적으로 세계의 다른 많은 지역에서 '한 치의 오점도 없는 상태'는 완전함의 전제 조건이 아니며, 세상의 어떤 것도 오점이 없을 수 없다는 심오한 이해에 바탕을 두기 때문에, '완전하려고' 하는 것을 금하기도 한다.
- 학교교육과정과 많은 교육자가 (전부는 아니지만) 완벽주의적

인 행동을 인정하고 긍정하고 그것에 보상하려 한다. 미국대학
입학시험에서 한 과목에서 19점(20점 만점)을 맞는다면 엠아이티
MIT 대학에 들어가지 못한다.

- 교회와 많은 종교 기관이 완벽주의를 미덕으로 보는 유해하고
서구 중심적인 관념을 긍정한다.
- 청소년들은 불완전한 행동이 '하느님의 마음을 아프게' 한다는
이야기를 들으며 성장하고, 완전하지 못한 행동을 하거나 어떤
일을 완벽하게 해내지 못하면 하느님을 실망시키는 거라는 생
각을 내면화한다.
- 어른들은 어린이들이 말썽을 피우면, 산타 할아버지에게 선물
을 받지 못할 거라고 말해 왔다.
- 많은 부모와 어른들은 자녀들이 완벽해지도록 엄청난 자원을
쏟아붓는다. 예를 들어 개인 교습을 받게 하거나 가정교사를 두
거나 자녀들의 과제를 도와주느라 새벽 세 시까지 깨어 있다.
- 미디어에서는 골인 장면, 각종 메달과 트로피, 엄청난 상금과 연
봉 등만을 보여 주고, 긴 세월 동안의 수고, 잘못된 인간관계, 균
형 감각의 부족, 성공의 대가로 희생한 인간관계, 정서적 · 정신
적 · 영성적 · 신체적 손상에 대해서는 말하지 않는다.

완벽주의에 따른 불안에 대해 어른들이 알아야 할 것
불안에서 발생한다
완벽주의적인 청소년들은 만성적인 불안 상태에 놓여 있는데, 교감

신경계가 지나치게 긴장되어 있고 수년 동안 그런 상태로 있었을 것이다. 휴식을 취하는 능력을 상실했기 때문이다.

어른들에게 강요받아서 생기는 것만은 아니다
부모님이나 다른 사람들이 그들을 응원을 해 주고, '쉬면서 하라'고 자주 말하지만, 스스로를 몰아붙이는 완벽주의자가 많다.

십 대들은 종종 자신이 성취한 일로 정체성을 확인하고 자신의 가치를 판단한다
이들은 열심히 노력하여 달성한 결과를 보면서 자신에게 만족감을 느끼지만, 자신이 누구인가 하는 정체성과 자신이 해낸 것(강박적이고 완벽주의적인 행동)을 분리하면 불안에 사로잡힌다.

도덕적 직업윤리가 진짜 불안의 가면이 될 수 있다
어떤 청소년은 도덕적인 직업윤리를 지키는 일의 중요성에 대해 종교적인 신념을 지니고 있다. 종종 어린 시기에 주입되는 이런 관점은, 청소년이 진짜 불안을 불안으로 보지 못하게 하고, 불안을 미덕으로 가장하게 할 수 있다.

완벽주의 성향을 지닌 청소년을 도울 방법
성공에 대한 당신 자신의 정의를 인정하기
이 부분에서 시작하는 게 맞나 싶겠지만, 여기서 시작하지 않으면 아

무 소용 없으며, 증상만 다룰 뿐 더 깊은 문제로 파고들지 못한다. 자녀의 완벽주의적 태도를 멈추게 하기 위해 상담실에 보내더라도, 의식적으로든 무의식적으로든 당신이 완벽주의적인 태도를 보이고 조장한다면, 당신의 노력, 상담사의 시간과 수고, 비용은 헛일이 되고 만다. 이겨야 하고, 최고가 되어야 하고, 모든 일에서 완벽하려는 노력을 당신이 얼마나 (말이나 행동으로) 지지하고 있는지 점검해 보자. 이 장 끝에 제시한 성찰을 위한 질문이 도움이 될 것이다.

청소년 자녀에게 "너에게 성공이란 어떤 의미니?"라고 질문하기

- 어떤 일에서 성공했다는 걸 너는 어떻게 알 수 있니?
- 1년, 2년, 3년, 10년 그리고 20년 후에, 그것은 어떻게 달라질까?
- 성공이 무엇이라고 생각하니?
- 네가 알고 있는 가장 성공한 사람은 누구니?
- 무엇이 그를 성공하게 만들었을까?
- 너의 신앙은 성공을 정의하는 데 어떤 영향을 미치니? 영향을 미치긴 하니?
- 영향을 미쳤다면 신앙이 어떤 차이를 만들어 내지?

실수와 불완전을 정상화하기

완벽주의적인 청소년이 실수했을 때, '재앙'이나 '인생을 망가뜨리는' 일이 아니라, 실수하는 것은 '정상'이라는 도식을 재정립하도록 도와주는 기회로 삼자.

상처받을 수 있음을 받아들이기

당신의 실수를 인정하고, 적절한 때에 그 실수에 대해 청소년들과 이야기 나누어 보자. 이것은 청소년 한 명이나 청소년 집단을 당신의 고해 상대로 삼으라는 의미가 아니다. 그들은 당신의 죄나 비밀 전부를 알고 싶어 하지도 않으며, 알 필요도 없다. 특히 그들을 분개하게 하거나 당신의 신뢰도를 해칠 만한 잘못이라면 더욱 그렇다. 어떤 내용을 나눌지는 그 청소년이 얼마나 성숙한지에 달려 있다. 좀 더 성숙한 청소년이라면 더 많은 것을 나눌 수 있고, 당신은 더 상처받을 수 있다. 십 대들이 자라면서, 우리가 신뢰도와 타협하기보다 상처받기로 결심할 때 우리의 신뢰도를 높일 수 있다.

불완전을 다루려는 그들의 시도를 인정하고 긍정하기

청소년들이 완벽과는 거리가 멀지만 어떤 일을 잘 해내려 할 때, 최고가 될 수는 없지만 그래도 참여하려 할 때, 운동이나 활동을 포기하지 않고 하면서 점점 더 빠른 진전을 보일 때, 그들을 진심으로 응원해 주자. 긍정적인 보상을 받으면 그 일을 반복하게 된다.

우선순위를 정하도록 돕기

우선순위를 정하는 일은 어른들도 하기 어렵다. 따라서 청소년을 도우면서 당신 자신도 연습해야 한다. 청소년에게 그들이 해야 할 과제들을 나열하고 중요한 순서에 따라 순위를 정하게 하는 기술을 가르치자. 청소년에게 절대 순위를 정할 수 없다고 생각되는 영역도 있을 것이다. 그런 분야에 대해서는, 동일한 순위에 놓인 항목에 얼마나 많은 시간과 에너지를 쏟을지 결정함으로써 순위를 정하도록 도울 수 있다.

'충분해, 다음 단계로 넘어가'라고 스스로에게 말하도록 돕기

이것은 아주 귀한 삶의 기술이다. 너무 많은 것을 성취하려는 경향을 보이는 완벽주의적인 청소년에게, 모든 과제와 활동이 평등하게 만들어지는 것은 아님을 깨닫도록 도와주어야 한다. 나는 종종 청소년들에게 이렇게 말한다. "너는 다 합해서 100퍼센트를 갖고 있어. 모든 것에 100퍼센트를 쏟아부을 수는 없지. 그렇게 하려고 하면 결국 아무 일도 이루지 못할 거야." 청소년들에게 각 활동에 적당한 시간과 에너지를 배분하도록 돕고, 그런 한도 내에서 최선을 다하도록 응원해 주자.

완벽하고 싶어 하는 그들의 갈망에 호응하지 않기

그들의 완벽주의에 맞장구치지 말자. 경계를 설정하자. 어떤 일을 마무리할 시간을 정하고 그대로 따르자. 이것은 특히 교육자들이 해야 할 일이다. 어떤 청소년들은 평생 완벽주의와 씨름해야 할지도 모른다. 하지만 완벽주의를 어떻게 다뤄야 할지 배울 수 있고, 적어도 청소년기에는 그것을 다루기 시작할 수 있다.

핵심 내용

- 오늘날 많은 청소년이 자신과 자신의 삶에서 성공이 진짜 어떤 의미인지 명확한 정의를 내리지 않은 채 성공을 추구하고 있다.
- 많은 청소년은 성공이란 좋은 성적을 얻고, 일류 대학에 입학하고 그래서 돈을 많이 버는 것이라고 믿는다.
- 성공에 대한 이런 편협한 생각은 주위 어른들, 또래 친구들 또는 미디어에 자주 나오는 사람들에 의해, 또는 자기 스스로 만들었을지도 모르는 기준에 의해 만들어졌을 것이다.
- 청소년들은 문화적 규범 때문이 아니라, 진정으로 무엇이 그들을 행복하게 할지 스스로 질문해 볼 수 있도록 어른들의 도움을 받아야 한다. 이 둘의 차이에는 신앙, 가족, 공동체와 봉사 같은 요소가 포함된다.
- "여러분의 하늘의 아버지께서 완전하신 것같이 여러분도 완전해야 합니다"(마태 5,48)라는 예수님의 권고에 대한 오해가 모든 연령층의 사람들에게 영성적인 차원이 아니라, 서구적이고 산술적인 차원에서 완전함 추구로 이끌어 왔다. 예수님의 권고는 "여러분의 하늘의 아버지께서 자비로우신 것처럼 여러분도 자비로우십시오"에 더 가깝다.
- 청소년들은 삶에서 마음에 들지 않고 변화시키고 싶은 일을 인정하고, 수용하고, 그런 다음 변화(이름 붙이기, 주위에 알리기, 다스리기)하기 위해 어른들의 도움을 받아야 한다.

- 청소년은 '거부하기'가 쉽지 않은데, 자신의 경험을 이해하고 설명하는 능력이 아직 부족하고, 발달하는 과정에 있기 때문이다.
- 청소년들에게는 현실을 인식하고 인정하도록 도와줄 어른이 필요하다. 어른들은 진정성 있게 대하고, 약점을 보여 줌으로써 도와줄 수 있다.
- 완벽주의는 종종 미처 인식되지 않은 불안의 한 형태다.
- 우리의 문화와 미디어는 성공을 가능하게 만든 고된 노력, 고통, 희생, 실패보다는 성공에만 주로 초점을 맞춘다.
- 완벽주의적인 청소년은 대개 만성적으로 불안 상태에 있다. 휴식을 취할 능력을 상실하여, 교감신경계가 지나치게 긴장되어 있거나 너무 오래 과부하가 걸려 있었기 때문이다.
- 모든 완벽주의자 청소년이 함께 생활하는 어른들에 의해 이런 경향을 강요당하는 것은 아니다. 부모와 다른 사람들이 쉬엄쉬엄해도 된다고 격려하는데도 스스로를 몰아붙이는 완벽주의자들도 있다.
- 십 대들은 어떤 일의 결과와 자신을 동일시한다.
- 완벽주의는 어릴 때부터 지녀 온 종교적 신념에 의해 강화되기도 하는데, 도덕적인 직업윤리로 불안을 숨기기 때문이다.

스스로에게 질문하기

1. 성공한다는 것은 나에게 어떤 의미인가?

2. 내가 성공했는지 어떻게 아는가?

3. 내가 아는 사람 중 가장 성공한 사람은 누구인가?

4. 무엇이 그들을 성공하게 만들었나?

5. 성공에 대한 정의를 나는 어떤 과정을 통해 내리게 되었나?

6. 내가 십 대 때 부모님을 위해 성공하고자 무엇을 해야 했나? 선생님을 위해서는? 코치를 위해서는? 친구들을 위해서는? 다른 사람을 위해서는?

7. 내 아이들을 위해 성공을 어떻게 정의해야 할까? 십 대 자녀를 위해서는 어떻게 정의해야 할까?

8. 당신이 부모라면, 다음 물음에 답해 보자. "십 대인 자녀가 무엇을 할 때, 나는 부모로서 성공했다고 느낄 것인가?"(가능한 한 많이 적어 보자. 대답을 많이 쓰면 쓸수록, 서로 관계없어 보이는 대답이라 하더라도, 당신이 보기에 성공하기 위해 자녀들이 해야 한다고 생각하는 것에 대해 의식적으로든 다른 방식으로든 소통할 거리가 많아질 것이다.)

영감을 북돋우는 기도

여러분의 하늘의 아버지께서 완전하신 것같이 여러분도 완전해야 합니다.

— 마태 5,48

이 모든 것 위에 사랑을 더하시오. 사랑은 완덕의 끈입니다.

— 콜로 3,14

사실 사람들 가운데 누가 완전하다 하더라도 당신에게서 오는 지혜가 없으면 아무것도 아닌 것으로 여겨집니다.

— 지혜 9,6

죄를 짓지 않고 선만을 행하는 의로운 인간이란 이 세상에 없다.

— 코헬 7,20

사람아, 무엇이 착한 일이고 주님께서 너에게 요구하시는 것이 무엇인지 그분께서 너에게 이미 말씀하셨다. 공정을 실천하고 신의를 사랑하며 겸손하게 네 하느님과 함께 걷는 것이 아니냐?

— 미카 6,8

7. 가톨릭 신앙 로드맵 활용하기

종이로 된 지도를 마지막으로 본 게 언제인지 기억하기도 힘들다. 남북전쟁 박물관에서 본 지도였던 것 같다. 요즘에는 길을 찾을 때 스마트폰을 꺼내 지도 앱을 열어 가고자 하는 곳을 입력하면 가장 빠른 길을 알려 준다.

열여섯 살 고등학교 2학년 제프리는 한때 신앙생활을 열심히 하던 가톨릭 신자였다. 그의 부모님과 선생님들은 제프리가 신앙심이 충만한 리더이자 십 대들이 선망하는 유형의 아이라고 그에 대해 설명했다.

그러나 사춘기에 흔히 일어나듯이, 상황이 바뀌었다. 제프리가 모르는 사이, 부모님은 극심한 갈등을 겪고 있었다. 부모님은 헤어졌고, 제프리가 나중에 묘사한 것처럼, '억지로 친한 척'하며 지냈다. 제프리는 일주일은 가구라고는 별로 없는 아빠의 아파트에서, 또 다른 일주일은 그가 쭉 성장해 온 집에서 엄마와 지냈다. 부모는 제프리 앞에서는 서로를 존중했고 상대를 비난하지 않았다. 또 부모 역할이나 훈육상의 결정을 내리는 일에서는 서로를 지원했다. 제프리가 불안해하고 우울해하자 둘 다 제프리를 도와주려고 상담을 시작했지만 그의 불안과 우울이 이미 깊어진 후였다.

제프리는 밤에 잠을 잘 이루지 못했는데, 자신의 상태를 이렇게 묘사했다. "머릿속에서 생각이 떠나지 않아요. 선생님은 믿지 않겠지만, 그런 생각들이 부모님의 이혼, 아니, 별거에 대한 건 아니에요. 부모님은 이혼한 건 아니라고 하시지만, 제가 바보도 아니고, 어떤 일이 일어나고 있는지 다 알아요. 친구들에게서 여러 번 봤거든요."

몇 차례의 상담을 한 뒤, 나는 제프리에게 무엇이 도움이 되는지 물었다. 제프리는 '친구들이랑 노는 거'라는 뻔한 대답을 했는데, 부모님과 보내는 시간도 있지만, 점점 더 많은 시간을 친구들과 보낸다고 했다. 그는 운동경기나 신체 활동이 도움이 된다고 했지만, 불안이 심해져, 아침에 등교하기 전에 공황 발작을 일으키기도 했고, 밤에는 잠들기가 힘들다고 했다.

어느 시점에선가 내가 제프리에게 신앙에 대해 물었는데, 믿음이 아주 중요하다고 부모님이 제프리에게 말한 적이 있었기 때문이다. 그가 말했다. "예, 성당에 가고, 다른 것도 하고."

"'다른 거'는 뭘 말하는 거니?" 내가 물었다.

"미사를 드리고 주일학교도 참여하고 그런 거요. 전에는 가족이 함께 기도를 하곤 했거든요. 근데 이제 엄마는 밤마다 술을 마시거나 텔레비전 리얼리티 쇼를 봐요. 엄마는 슬퍼하고 아빠를 그리워하는 거 같아요. 아니 어떻게 서로를 그리워하면서도 동시에 미워할 수 있는지, 정말 이상해요. 그게 말이 돼요, 선생님?"

"나한테는 꽤 말이 되는 것 같은데, 제프리." 내가 말했다. "근데 말이야, 내가 네 아버지 말을 오해한 것일 수도 있는데, 아버지는 너한테 신앙생활이 중요하다고 말씀하신 것 같거든. 그런데 네 말을 들어 보니, 이제 너한테 신앙생활은 뭔가 성가신 일 같구나."

"네, 잘 모르겠어요. 그냥, 뭐 …, 흥미를 잃은 거 같아요."

"그래, 좋다. 신앙생활에서 위안과 지지를 얻는 십 대들을 알고 있어서 한번 물어본 거야. 네 생활에서 예전과 똑같이 하고 있는 건 뭔지 궁금하구나." 내가 물었다. "네가 요즘 불안감 때문에 힘들어하고, 그게 성적에도 영향을 미치고 있다는 거 알고 있어. 불안감의 싹을 애초에 자르지 못하면 우울로 바뀌게 되니까 걱정되기도 하고. 이해되니?"

꽤 똑똑한 2학년생인 제프리가 말했다. "그래요. 늘 걱정하고 잠을 못 자면 정말로 우울해지는 것 같아요."

"맞아, 네 공구 상자에는 꽤 쓸 만한 도구가 있을 게다. 친구들, 운동, 스포츠 같은 거 말이야. 그런 것들이 도움이 되지. 그러나 네가 더 이상 갖고 있지 않은 한 가지는 부모님 두 분이 함께 산다는 건데, 당시에는 그게 어려움을 극복하는 데 도움이 되는 '도구'로 보이지 않았겠지. 하지만 잃어버리고 나서야 그게 얼마나 소중한 것이었는지 깨닫게 되는 경우가 얼마나 많니. 부모님이 바로 그런 거 같아. 그 일이 너한테 영향을 주고 있다는 걸 너도 분명히 알고 있지만, 때로 우리는 어떤 것이 우리 삶과 모든 것을 다루는 데 어떤 방식으로 또는 어떻게 도움이 되는지 깨닫지 못하지."

"와우, 그런 건 생각해 보지 못했네요."

"내가 궁금한 건 네 공구 상자에 무엇을 추가할 수 있느냐 하는 거야. 부모님은 너무나 중요하니까 부모님을 대신할 수는 없겠지만, 어떤 새로운 도구가 다른 방식으로 도움이 될 수도 있지 않을까?"

"모르겠어요." 그가 대답했다.

"나한테 한 가지 아이디어가 있는데, 그게 효과가 있을지, 너한테 맞을지는 모르겠어. 하지만 우리가 고통을 겪고 있을 때, 가톨릭 신앙의 어떤 것들은 정말로 도움이 되기도 해. 내가 불안과 씨름하고 있을 때, 신앙이 없었더라면 내가 어떻게 되었을지 모르겠어."

"좋아요. 뭐든 시도해 봐야겠죠. 그것도 할 수 있을 것 같아요."

이어진 몇 차례의 상담에서, 나는 제프리에게 그의 신앙을 지지 도구로 활용할 방법을 알게 해 주어야겠다는 노골적인 목적을 가지고, 점차 한 번에 한두 가지 도구들을 알려 주었다. 묵주기도부터 시작했다. 나는 그에게 하루에 한 단을 바칠 수 있는지 물었고, 그가 동의했다. 다음 주에 상담실에 온 제프리는 말했다. "로이 선생님, 묵주기도는 효과가 있었어요."

"'효과가 있다'니 무슨 말이지?"

그가 대답했다. "약간 도움이 되었다고요. 여전히 힘들긴 하지만요."

"아무 효과 없을 줄 알았는데, 조금은 나아졌다는 거네?" (청소년들은 종종 '도움이 된다'는 말을 '완전히 고쳐졌다'로 잘못 생각하기도 해서 이렇게 질문한다.)

"음 …, 네." 그가 말했다.

나는 묵주기도를 하는 중간중간 숨을 깊이 들이마시고, 천천히 내쉬어 보라고 제안했다. (온몸을 쫙 펴고 하는 호흡은 심신을 안정시킨다.) 제프리가 다시 와서, 호흡이 훨씬 도움이 되었다며, 묵주기도 한 단을 더 바치고 싶다고 했다. 2주 뒤 다시 만났을 때, 제프리는 묵주기도 3단과 성체조배 15분을 했다고 했다. "저는 묵주기도에 꽂혔어요, 로이 선생님, 그건 정말로 도움이 되더라고요. 진심으로 그 시간이 기대되기까지 해요." 이 장 뒷부분에서 더 논의하겠지만, 제프리는 계속해서 더 많은 도구를 추가해 나갔다. 그런 도구들이 제프리의 불안감을 사라지게 만들지는 않았다. 그러나 그 도구들은 제프리에게 우리가 지닌 신앙이라는 도구가 삶의 모든 영역, 심지어 언뜻 보기에는 하느님과 아무 관계가 없는 것 같은 정신 건강 같은 분야에서도 도움이 된다는 사실을 깨닫게 해 주었다. 제프리는 나와 마찬가지로 하느님께서 우리 삶의 모든 영역에서 일부가 되고 싶어 하신다는 사실을 배웠고, 여전히 배우고 있다.

신앙이 도구라고?

인생에서 여러 도전에 직면했을 때, 풍요로운 가톨릭 전통이 도움이 된다. 거기에는 우리에게 도움이 되는 많은 도구가 있다. 몇 가지 도구를 소개할 텐데, 훨씬 많은 도구가 있다는 걸 알아주기 바란다. 우리의 신앙은 계속해서 선물을 준다. 그 도구에 기대어 성장하면 할수록, 더 많은 도구를 발견하게 될 것이다. 마흔다섯 살인 나 역시, 여전히 가톨릭 신앙에 대해 공부하고 있으며, 신앙에 기대어 살아가는 새로운 방법을 찾고 있다.

과학적 연구는 종교적 믿음과 실천 행위가 불안, 우울 그리고 다른 정신 건강 문제를 다루는 방법을 배우는 데 도움이 된다는 사실을 거듭 입증해 주었다.

종교적 행위가 왜 그토록 중요할까?

간단히 말해서, 우리는 천사가 아니라 인간이기 때문에 종교적 실천 행위가 중요하다. 우리 인간에게는 몸이 있고, 이 진짜 몸은 거룩하다. 우리가 하느님을 알기 위해 몸이 필요하지 않았다면, 하느님은 몸을 창조하지 않았을 것이다. 과거에 어떤 사람들이 주장했던 것과는 달리, 우리 몸은 악하지 않으며, 거룩하지 않은 것도 아니다. 이것은 대부분은 "육에 따라 살면 죽을 것"(참조: 로마 8,5.13)이라는 사도 바오로의 말씀을 오해한 데서 비롯되었다. 이것은 신약성경에서 육(flesh)을 뜻하는 그리스어 *sarx*를 잘못 번역한 것이다. *Sarx*는 우리의 타락한 본성을 지칭한다. 만일 사도 바오로가 우리의 몸에 대해 말한 것이라면, 그는 문자 그대로 몸(body)을 의미하는 그리스어 *soma*를 사용했을 것이다.

청소년에게 종교는?

안타깝게도, 많은 청소년이 여러 가지 이유로 하느님을 나르시시스트로 여긴다. 하느님은 당신 백성들이 매주 또는 그보다 자주 그에게 와서 무릎을 꿇으며 경의를 표하고 숭배하러 찾아오기를 기다리는 왕과 같다고 생각한다. 그렇게 하지 않으면 벌을 받거나 죄가 된다고 생각한다. 벌과 죄가 쌓이면 천국에 가는 건 어림도 없다고 여긴다.

그럼 종교는 무엇이고, 왜 믿을까?

우리가 종교를 필요로 하기 때문에 종교가 있다. 우리가 교회에 가거나 기도하는 것이 하느님께는 필요하지 않다. 예수 그리스도의 하느님은 우리가 믿음이라는 선물을 받아들이지 않는다고 상처받는 신이 아니다. 그렇다고 우리에게 화를 내지도, 악의를 품고 우리에게 영원한 저주를 내리지도 않으신다. 가톨릭 신자 대다수가 이런 식으로 생각한다는 게 어이없지 않은가? 많은 가톨릭 신자나 다른 그리스도인들이 "내가 X를 해야, 하느님이 나에게 Y를 해 주실 거야"라는 거래 방식으로 하느님과 관계 맺는 경향이 있다. 이런 사고는 복음이 전하는 하느님이라기보다는 훨씬 더 자기중심적인 하느님 이해이며, 솔직히 말해서, 덜 세련되고 미성숙한 개념일 뿐이다. 우리는 하느님의 섭리를 통제하거나 조작할 수 없다. 오히려 우리는 하느님의 섭리를 이해하고, 그것에 우리의 마음과 정신을 개방하고, 마침내 흔쾌히 섭리를 받아들이는 방법을 배워야 한다.

우리에게는 종교적 행위가 필요하다

우리는 손가락 끝으로 성수를 찍어 이마와 가슴과 어깨에 바르는데, 세례의 물로 깨끗하게 정화되었다는 것은 몸을 통해서만 알 수 있음을 기억하고 알아야 하기 때문이다. 우리는 죄를 깨끗하게 씻어 내고, 필요한 만큼 반복해서 그 행위를 한다. 우리에게는 이런 의식이 필요하고, 모든 믿음의 가장 심오한 진리인 우리가 거룩하다는 것을 깨달을 때까지 가능하다면 자주 이런 의식을 행해야 한다. 하느님은 우리가 세례의 물을 통해 영원한 생명에 참여하게 하셨다. 인간이 그러한 하느님과 아주 밀접하게 결합될 수 있도록 기꺼이 인간이 되신 육화하신 신이 우리의 하느님이다. 우리 가운데 너무나 많은 사람이 몸을 싫어하고 못마땅해하고, 달랐으면 하지만 우리 몸은 사실 신적 생명으로 가득 차 있다. 인간의 몸은 하느님의 거처다.

너무 심오한 내용인가? 내가 제대로 알고 있는 걸까?

감각은 방황하는 정신이 주의를 기울이기도 전에 중요한 것이 무엇인지 인식하곤 한다. 우리가 하는 일이 중요하고 거룩하다는 것을 단지 마음뿐만이 아니라 몸 전체로 알기 위해 우리는 주의를 기울여 향 내음을 맡아야 한다. 우리는 종소리를 듣고, 향 내음을 맡고, 빵과 포도주를 맛보고, 초와 부활절의 불꽃을 바라보고, 성유의 향내를 맡고, 성유가 우리 이마에 발리는 것을 느껴야 한다. 하느님께서 우리와 함께 계신다는 사실을 온몸으로 알기 위해서다. 우리에게는 묵주의 구슬과 십자가의 길을 표시하는 각 처가 필요하다. 성경과 기도서, 메달과 십자가 또한 필요하다. 그리고 서로의 이야기를 나누고, 우리의 십자가를 함께 지고, 은총을 함께 기뻐하며, 우리가 받은 재능을 활용할 수 있는 친구, 가족, 동료 신자들로 이루어진 공동체도 필요하다. 아타나시우스 성인이 4세기에 쓴 『육화론』에서 가르친 것처럼, 지성만이 아니라 우리의 몸이 관여될 때, 우리 인간도 신이 되게 하시려고 사람이 되어 오신 하느님의 충만함을 느낄 수 있다.

종교는 우리를 하느님과 다시 연결시키도록 돕는 도구다. 하지만 청소년들은 너무도 자주 우리가 하느님이 아니라 도구를 숭배한다고 여긴다. 이 문장을 다시 읽어 주기를 바란다. 이것은 마치 놀라운 솜씨로 저택을 만든 목수가 자신의 망치와 톱을 찬양하는 것과 같다. 나는 목수들을 잘 알고 있지만 그들은 결코 그렇게 하지 않는다. 그들은 맥주병을 따고 자신이 만들어 낸 결과물에 감탄한다. 마찬가지로, 우리는 단순히 교회에 속해 있으며 교회의 규범과 전례를 지킨다는 사실이 아니라, 하느님을 향한 개인적인 믿음(또는 우리와 하느님과의 관계)을 증언해야 한다. 우리의 믿음을 실천하는 일에서 교회의 규범과 전례가 중요하지 않다는 말이 아니다. 다만, 우리가 살아 계신 하느님과 관계 맺을 때 우리 삶은 안정과 명료함을 얻으며, 이 관계의 열매를 청소년들이 보지 못한다면, 그들은 참된 믿음의 힘을 알지 못할 것이다. 또한 그들은 신앙생활에 적극적으로 참여하는 것을 중요하게 여기지 않을 것이다.

종교라는 공구 상자에는 많은 도구가 들어 있다

때로 우리는 도구 하나에만 지나치게 집중하기 쉽다. 당신에게 정말로 효과가 있었던 종교적 의식이나 기도가 있었을 것이다. 정말 다행이다! 효과가 있는 한 계속 사용해 보자. 그러나 당신에게 효과가 있다고 해서 다른 사람, 특히 청소년에게 그 방식이 효과가 있을 거라고 생각해서는 안 된다. 반대로 청소년들에게 효과가 있는 방식이 당신에게는 효과가 없을 수도 있다.

예컨대, 지난 이삼십 년 동안, 우리는 성체조배가 되살아난 것을 보아 왔다. 정말 놀라운 일이다. 내 삶에서 성체조배가 엄청난 도움을 주었던 시기가 있었다. 그것은 나에게 주의 깊게 보아야 할 것, 집중해야 할 것이 무엇인지, 내 마음을 안정시키고 내 영혼을 새롭게 하는 방법을 알려 주었다. 성체조배는 우리에게 눈을 떠 바라보기를 청한다. 그것은 또 우리의 관심을 좁히고, 우리가 가장 관심을 쏟아야 할 사람에게 집중하게 한다. 모든 청소년이 성체조배를 좋아하지는 않겠지만, 성체조배는 많은 청소년이 주님께 더 가까이 다가가도록 돕는다. 성체조배는 또 마음을 차분하게 가라앉히고, 생각의 속도를 늦춘다.

종교 공구 상자 안에 들어 있는 많은 도구 가운데, 힘들어하는 청소년에게 도움이 되는 것은 무엇일까?

성사

성체성사

미사는 우리 정신과 영혼에 좋은 여러 행위에 참여하게 한다.

1. **우리보다 더 큰 이야기.** 이것은 청소년들이 완전히 의식하지는 못하더라도, 예수님이 고통을 받으시고 돌아가셨으며 되살아나셨다는 사실을 알도록 돕는다. SNS에서 친구들이 자기 이야기를 안 좋게 한다는 걸 알고 불쾌하고 절망적인 기분이 들 수 있는데, 이들에게 예수님 역시 배신당하여 엄청난 슬픔에 빠졌다는 사실을 아는 것이 도움이 된다. 성찬 전례의 핵심인 파스카 신비를 기념하는 것은 우리에게 심오한 현실을 보여 주고, 말해 주고, 알려 준다. 성체성사는 우리 영혼 깊은 곳에서 우리가 죽음에서 벗어나 새로운 생명을 기대할 수 있다는 사실을 가르쳐 준다. 우리가 그러하듯, 우리의 고통이 곧바로 좋아지지 않을지 몰라도 (처음에는 더 나빠질 수도 있고) 더 좋아질 것이라는 사실을 청소년들도 알아야 한다. 우리가 미사 때마다 참여하는 파스카 신비에는 희망이 있다.

2. **일관성.** 우리는 끊임없이 변화하는 세상에 살고 있다. 오늘날 변화의 속도는 어른들에게만 어지러운 게 아니다. 종종 그들이 깨닫지도 못하는 사이에, 빠른 변화는 청소년들에게도 스트레스를 준다. 기본적으로 우리는 매주 같은 미사에 참례한다. 청소년이든 어른이든 "정말 너무 지루해. 매주 똑같아"라고 불평할 수

도 있다. 나는 그런 불평에 "그래, 나도 알아! 하지만 뭔가 새로운 활력은 얻는 거 같지 않아? 내 말은 일요일이 되면 익숙한 일을 할 준비를 한다는 거지"라고 대꾸하고 싶다. 그들은 말도 안 된다는 표정으로 웃겠지만, 마음속으로는 그들 역시 그렇게 생각할 것이다.

3. **예측 가능성.** 우리 마음을 달래 주는 모든 전례에는 예측 가능성이 있다. 날마다 엄청난 양의 정보와 도전에 직면해야 하는 바쁜 사람들에게 예상 가능하다는 것은 큰 위안을 줄 수 있다. 일상에서 너무 예측하기 힘들다는 것을 경험하면, 우리는 스트레스를 받고 불안하고 두려워한다. 크든(미사 참례) 작든(저녁에 가족이 함께 하는 식사 전 기도 등) 전례는 삶의 격랑 속에서 안정감을 준다.

고해성사

하느님은 우리에게 용서를 구할 필요가 없다. 우리에게는 필요하다. 우리는 부끄럽고, 당황하고, 후회되는 일을 말해야 하고, 그러고 나서 우리의 고백을 들은 신부님의 머리가 저절로 타 버리지 않는지 지켜봐야 한다. 죄를 길들일 은총을 얻기 위해 우리는 참회나 고해성사를 통해, 우리 죄에 이름을 붙이고, 우리 죄를 인정하고, (하느님의 치유와 자비에 맡기기 위해) 봉헌해야 한다. 상담사로서 나는 많은 사람들에게 치료는 잘 공감하고, 판단하지 않으며, 근심하지 않으며, 경청해 주는 사람을 만나는 것만으로도 가치가 있다는 것을 직접 경험했다. 이것이 성사에서 가능하다.

청소년들은 "왜 꼭 신부님께 고해성사를 해야 하죠? 그냥 마음속으로 하느님께 죄를 말하고 용서를 구하면 안 되나요?"라는 질문을 하곤 한다. 짜증과 분노에 가득 차서 그런 질문을 하는 청소년을 만나면, 나는 기꺼이 이렇게 대답해 준다. "왜 너는 벽에다 주먹질을 해서 구멍을 내야 했니? 그냥 마음속으로 화를 낼 수는 없었던 거니?" 우리 몸은 거룩하고, 마음을 한곳에서 다른 곳으로 옮기는 편리하고 효율적인 수단인 것만은 아니다. 우리는 "나는 죄를 지었습니다"라고 큰 소리로 말해야 한다. 죄를 말하는 것은 죄를 좀 더 현실로 만든다. 그리고 우리의 과오를 다른 사람에게 말하고 인정하는 일은 우리의 잘못으로 생긴 결과를 책임지고 바로잡겠다는 약속을 하게 한다.

이런 역학은 자연스럽게 나르시시스트가 되기 쉬운 청소년들에게 특히 도움이 된다. 그들이 다른 사람에게 잘못한 일을 말하는 일은 그들이 그렇게 하지 않았을 때보다 좀 더 겸손하게 만든다. 돌아온 탕자 이야기에 등장하는 아들처럼, 하늘에 계신 아버지의 사랑 가득한 용서를 경험하게 될 것이다.

~~~~~~~~~~~~

모든 성사는 성삼위의 신성한 생명으로 우리를 인도하기 때문에 그야말로 성스러운 의식이다. 성사는 우리를 하느님의 본질, 앞서 살펴보았듯이, 즉 사랑의 관계로 묶는다. 성사 생활을 통해 삼위일체의 핵심으로 뛰어들 때, 우리는 치유와 온전함 그리고 영원한 생명의 약속을 발견한다.

세례, 견진, 혼인, 성품, 병자 성사는 성사를 받는 당사자든 그것을 지켜보는 주변 사람이든, 우리에게 치유의 은총을 준다. 나의 아들들이 세례를 받을 때마다, 나는 내 삶에서 깊은 치유가 일어나는 것을 경험했다. 십 대 자녀를 둔 어른 가톨릭 신자로서, 우리는 규칙적으로 성사에 참여하고, 아이들과 그 경험을 공유하면서 신앙을 증거하는 방법을 배워야 한다.

기도

정신적(내적)

기도는 개인적으로 내가 가장 좋아하는 도구다. 나는 본성상 명상을 좋아한다. 잠깐 침묵과 고독의 순간이 생기면, 나는 나 자신과 다시 연결되고, 또 하느님과 더 친밀해지고 싶고, 하느님의 사랑을 다른 사람들과 공유하고 싶다는 내 마음 가장 깊은 곳에 있는 소망을 거듭 발견한다.

정신적 기도는 시각적으로 또한 청각적으로 끊임없는 소음 속에서 살고 있는 오늘날의 청소년에게 강력한 도구일 수 있다. 하지만 젊은이들, 특히 십 대들이 침묵 기도나 관상 기도가 주는 풍요로운 은총을 받기 위해, 자발적으로 자신과 주변 상황을 고요하게 만들기는 매우 어려운 일이다.

내 경험상, 십 대들은 일단 관상 기도나 그 비슷한 것을 경험하고 나면, 영성 생활의 없어서는 안 될 가치를 깨닫게 된다. 한 청소년은 나에게 "기도 없이 어떻게 살았는지 모르겠어요"라고 말했다. 청소년에게 관상 기도를 권하려면 큰 용기와 자신감이 필요하다. 이런 권유는 십 대들에게 스마트폰과 각종 기기들을 치우고(심지어 상자 속에 넣어 두고), 하느님의 '고요하고 작은 음성'을 듣는 것으로 충분하다는 사실을 믿으라고 요청하는 일이다. 모든 십 대에게 효과가 있는 것은 아니지만, 받아들이는 아이도 꽤 많다.

앞서 언급했듯이, 나는 성체조배가 청소년들에게도 비슷한 역할을 한다고 믿는다. 많은 성직자가 성체조배를 음악과 노래, 심지어 시각적인 효과로 시작하지만, 서서히 자극을 줄이면서 사람들을 침묵으로 인도한다. 이것은 종종 아주 강력한 기도 경험이 된다. 청소년 집단의 연령, 성숙도, 경험 수준에 맞게, 어떻게 하면 가장 좋은 효과를 얻을 수 있을지 효과적인 사목적 판단을 활용할 수 있을 것이다.

언어적

기회가 주어지면, 많은 청소년이 큰 소리로 기도할 것이다. 기도로 하느님께 자신의 목소리를 들어 올리기 위해, 청소년들은 종종 자기 자신에게 초점을 맞추기에 앞서, 다른 사람들의 소망을 위해 기도할 수 있다. 이런 일은 특히 소외되고 무시당했던 청소년들에게 공통적으로 드러난다. 나는 청소년들에게 혼자 있을 때도 큰 소리로 기도해 보라고 권하기도 한다. 우리의 목소리가 하느님께 가닿는 것이 느껴질 때, 그 기도는 우리 뇌에 "이것 봐, 나는 정말 여기서 뭔가 하고 있는 것 같아"라는 신호를 보낸다. 입 밖으로 소리 내어 하는 기도는 또한 십 대들에게 자기 마음을 듣도록 도와준다. 주변에 있는 온갖 것들은 그들의 주의를 끌기 위해 경쟁하고 머릿속은 온통 뒤죽박죽이다. 큰 소리로 기도하는 일은 그들의 마음을 진정시키는 데 도움이 된다. 즉, 자신의 생각, 꿈, 희망과 갈망이 무엇인지 듣고, 그것들을 이해하기 시작한다.

공동체적

다른 사람들과 함께 기도하는 것은 깊은 차원에서 우리가 혼자가 아니라는 사실을 알게 해 준다. 혼자라는 느낌은 오늘날 청소년들에게 가장 큰 고통이자 두려움 가운데 하나다. 청원 기도, 전례 때 바치는 기도, 성체조배와 다른 여러 조배, 또는 함께 묵상하는 시간, 어떤 기도든 공동체 기도는 도움이 된다. 청소년들은 교회가 사사롭게 활동하는 영역이 아니며, 다른 사람들도 자신과 비슷한 문제로 씨름하고 있다는 사실을 배울 독특한 기회를 갖는다. 청소년의 나이와 성숙도에 따라 어떤 종류의 기도에 참여할지 각별히 관심을 기울여야 한다. 청소년 각자도 기도하면서 기대하는 것은 무엇인지, 어떻게 다른 사람을 존중해야 하는지, 적절한 행동과 적절하지 않은 행동은 무엇인지 알고 준비해야 한다. 우리는 우리 스스로는 그 나이에 알지 못했을 것들을 청소년들이 알기를 기대하기도 한다.

가톨릭의 기도들

묵주기도와 하느님의 자비를 구하는 5단 기도

묵주기도와 하느님의 자비를 구하는 5단 기도는 손으로 할 일이 필요한 청소년에게 좋은 기도다. 머릿속이 혼란하고 복잡할 때, 예수님 삶의 신비를 묵상하면서, 손가락으로 구슬을 굴리고 입으로는 기도문을 반복해서 중얼거리는 것만큼 나를 집중시키는 것은 없다. 가만히 있지 못하고 집중하는 데 어려움을 겪는 청소년들에게, 묵주기도는 스스로를 고요하게 하고 그들의 정신과 마음을 하느님께 열게 하는 아주 놀라운 방법일 수 있다.

9일 기도

9를 뜻하는 라틴어 novem에서 유래한 9일 기도(Novena)는 특별한 지향을 두고 9일 동안 하는 기도다. 얼마나 아름다운 심리학인가! 정해지지 않은 기간 동안 한 가지 지향을 두고 기도에 몰두하는 일은 청소년에게 부담스러운 일이다. 그들은 시작조차 하지 않을 것이다. 하지만 청소년들이 끝나는 시간이 있다는 것을 알고, 당신이 기도할 말을 알려만 주면, 9일 기도는 꽤 시도해 볼 만한 일이 된다.

성경

성경은 희망, 평화 그리고 영감으로 가득 찬 보물 창고가 아닐까! 남녀노소를 불문하고 성경을 가까이하지 않는다. 성경의 언어가 (특히 어떤 부분에서는) 너무 복잡하기 때문이다. 초심자들에게는, 그들이 겪고 있는 다양한 어려움에 맞게 신약성경에서 특정 구절들을 읽어 보라고 제안하는 게 도움이 된다. 연령대와 성숙도에 상관없이 나는 특히 케이티 프레진 맥그래디의 책 『따르십시오: 예수님과의 평생의 모험』*Follow: Your Lifelong Adventure with Jesus*을 추천하고 싶다. 이 책은 젊은이들에게 신앙생활에 접근하고 실천할 방법들을 알려 주는 훌륭한 지침서다. 개인적인 견해지만, 기도와 참조할 만한 성경 구절이 담긴 장들은 다른 책과 비교할 수 없을 정도로 뛰어나다.

순례

오늘날에는 녹음된 것이든 생중계든 온라인을 통해 무엇이든 접할 수 있다. 그러나 직접 그곳에 가는 것, 그리고 순례의 경우 그곳에 '직접 도착'하면 화면을 통해서는 얻을 수 없는 큰 영적 요소가 더해진다. 순례의 경우가 자주 그렇듯이, 여러 사람과 연대하여 함께 여정을 떠나는 것은 무엇과도 바꿀 수 없는 경험이다. 여행사를 차리고 성지 순례 안내를 하고 있는 내 친구 마리아는 "유념하세요! 이건 그냥 여행이나 휴가가 아니라 순례입니다"라고 말한다. 단체로 여행하면서 겪게 되는 모험과 갈등에 대처하는 방법을 배우는 일은 인생에 대한 위대한 비유다. 이런 요소를 청소년들에게 여행을 떠나기 전, 여행하는 동안 그리고 여행을 다녀온 후에 명확하게 하면 여행에서 한 그러한 여러 경험들을 심화하는 데 도움이 된다.

풍경과 환경을 바꾸어 보는 일에 대해서도 이야기할 것이 있다. 봉사 활동, 선교 여행 또는 성지 순례는 자연스럽게 우리의 여정을 성찰하는 데 도움을 준다. 여행을 할 때 우리가 떠나온 장소, 지금 있는 곳 그리고 최종 목적지에 대해 생각하듯이, 우리가 경험한 영적·정서적 여정에 대해서도 내적으로 동일한 일이 일어난다.

피정

피정을 좋아하고, 여러 해 동안 많은 청소년을 피정에 데려간 사람으로서, 일상생활에서 '물러나 있는' 경험이 얼마나 강력한지 내가 직접 증명할 수 있다. 훌륭하고, 잘 계획되고, 좋은 지도자가 있고, 잘 진행되는 피정은 인생을 바꿀 수 있을 정도다. 부모들이 상담을 요청할 때, 나는 먼저 아이를 피정에 참여시켜 보라고 권한 적이 있다.

그러나 어떤 청소년이 특히 불안이나 우울, 자해 또는 자살하고 싶다는 생각으로 고통을 겪고 있다면, 이 청소년과 관련이 있는 모든 어른이 적절한 피정 시기에 관해 함께 의논해야 한다. 그 청소년이 어떤 시간에 어떤 특별한 피정에 참여할지에 대해 진지하게 결정하는 일은 그를 위해서만이 아니라 다른 피정 참여자들을 위해서도 꼭 필요하다.

피정은 정서적일 수 있고, 어떤 때는 '매우' 정서적일 수 있는데, 적절하다면 카타르시스를 일으키고 치유가 일어날 수 있다. 물론 타이밍이 맞지 않으면 엉망진창이 될 수 있다. 피정 지도자는 청소년이 그러한 경험을 할 준비가 되어 있는지 판단하는 데 도움을 줄 수 있다. 부모가 당신을 찾아와서 그런 질문을 한다면, 당신은 그들에게 상담사를 찾아가도록 권하거나, 부모나 청소년에게 상담사와 면담하기 위한 동의서에 서명하도록 요청할 수 있는데, 그렇게 해야 십 대 청소년을 포함하여 모두 함께 최선의 결정을 내릴 수 있다.

묘지 방문

효과가 크지만 그동안 잘 인정받지 못하고 활용되지 못했던 우리 신앙의 도구가 있다. 바로 죽은 이의 묘소를 방문하고 기도하는 행위다. 사랑하는 사람의 묘소나 그가 남긴 유물을 만지는 것은 우리에게서 슬픔을 이끌어 내고, 다른 어떤 것도 할 수 없는 치유를 일으킬 수 있다. 나는 부모와 청소년들에게 사랑하는 사람의 묘소에 찾아가라고 얼마나 자주 권했는지 모른다. 돌아가신 지 얼마 안 되었거나 청소년이 자신의 감정을 통제하기 힘들다면 누군가와 함께 묘소를 찾아가는 것이 좋다. 그러나 청소년이 혼자 갈 수 있고, 혼자 가고 싶어 한다면, 부모나 친구들이 그들을 데려다주고 혼자 있게 기다릴 수 있고, 청소년이 충분히 나이가 들었다면 혼자 갈 수도 있다. 눈물은 카타르시스의 표시다. 예수님께서 라자로의 무덤에서 보여 주신 모습은 이것에 대한 본보기다. "예수님께서는 눈물을 흘리셨다"(요한 11,35). 우리 삶에서는 그저 울기만 할 수밖에 없는 상처가 있고, 그 눈물은 세상 어떤 교회에 있는 성수보다 거룩하다.

우리 신앙은 세상을 떠난 신앙인들이 아주 실제적인 방식으로 우리 곁에 남아 있다고 말한다. 우리는 성인들의 통공을 통해 성인들과 연결되어 있다. 묘소를 찾아가 그들을 존경하고, 그들과 연결되고, 그들을 위해 기도하는 일은 기릴 만한 관행이다.

신앙과 종교적 의식이 어떤 치료법은 아니다. 심각한 정신 건강이나 정서적 문제가 있는 사람에게 '기도로 떨쳐 버려라' 하고 제안하는 것도 아니다. 그러나 나는 문제가 얼마나 심각한지, 또는 청소년이 직면한 문제가 얼마나 어려운지와는 상관없이 상담, 약물 치료 그리고 다른 방법들과 함께 신앙과 종교 의식이 도움이 될 수 있다고 말하려는 것이다.

나는 종교적 믿음이 '효과가 있는' 것이기보다 무시되는 것을 너무 자주 보았다. 나의 삶과 나와 상담하는 청소년들의 삶을 통해, 나는 신앙이 치료 과정에서 그리고 하나의 대처 방안으로서 필수적인 역할을 한다는 사실을 직접 경험했다. 청소년을 돌보는 어른 가톨릭 신자로서 우리는 신앙을 증거함으로써 청소년들에게 봉사할 수 있다. 더 나은 정신적 · 정서적 · 영적 건강을 향한 여정에서 우리의 종교적 행위 중 어떤 것이 도움이 되는지 발견하도록 조심스럽게 도와주는 것 또한 어른으로서 해야 할 일일 것이다.

핵심 내용

- 과학적 연구는 신앙을 가지고, 종교적 행위를 하는 것이 불안과 우울 그리고 여러 정신 건강 문제를 치료하는 데 효과가 있음을 밝혀 왔다.

- 우리는 필멸하는 우리의 경험을 불멸하는 하느님의 실재와 연결하기 위해 인간으로서 종교 의례와 활동에 참여해야 한다.
- 종교는 우리를 하느님과 다시 연결시키는 도구다.
- '가톨릭 공구 상자'에 있는 다양한 형태의 기도, 성경, 찬가 그리고 무엇보다 성사 같은 도구들은 청소년들을 하느님과 또한 다른 사람들과 연결시키며, 스트레스, 불안, 우울에 대처하는 데 도움이 되는 귀중한 자원이다.

스스로에게 질문하기

1. 스트레스와 불안에 시달릴 때 자신의 신앙과 종교 활동이 어떤 식으로 도움이 되었는지 적어 보자.
2. 믿음과 종교 활동이 어렸을 때 나에게 어떤 의미가 있었는가? 그것들이 내 삶에서 어떤 역할을 했는가?
3. 나이가 들면서 믿음과 종교 활동에 대한 나의 견해는 어떻게 바뀌었는가?
4. 생활에서 스트레스와 불안의 증가와 기도나 종교적·영적 활동의 감소 사이에 상관관계가 있다는 것을 눈치챈 일이 있는가?

영감을 북돋우는 기도

실상 우리는 한 몸 안에 여러 지체들을 가지고 있지만 지체들이 모두 똑같은 구실을 하는 것은 아닙니다. 이와 같이, 우리도 여럿이서 그리스도 안에 한 몸이지만 하나하나 따지면 서로의 지체들입니다.

— 로마 12,4-5

여러분에게 말합니다. 청하시오, 여러분에게 주실 것입니다. 찾으시오, 얻을 것입니다. 두드리시오, 여러분에게 열어 주실 것입니다. 사실 누구든지 청하는 이는 받고, 찾는 이는 얻고, 두드리는 이에게는 열어 주실 것입니다.

— 루카 11,9-10

그들은 사도들의 가르침을 받으며 서로 친교를 맺고 빵을 떼어 나누고 기도하는 일에 전념하였다.

— 사도 2,42

8. 경청의 기술 배우기

중학교 3학년인 브레일린은 아주 똑똑한 아이다. 또래의 많은 친구들이 그런 것처럼, 비열한 동급생들에게서 집단 괴롭힘을 당하고 있었다. 부모님 말씀에 따르면, 브레일린은 똑똑하고 자신감 넘치고 적극적이고 예쁘고 활기찬 아이였는데, 이제 자신감뿐만 아니라 활기도 잃었다.

대부분의 청소년들에게 중학교는 아주 힘든 시기다. 이 시기에 이루어지는 신체적·정서적·사회적·영적 성장의 조합은 혼란이라고 말하면 양호한 것이고, 최악은 아주 총체적 난국이라 할 수 있겠다. 이 시기에 청소년들에게 약간의 변화가 생기는 것은 당연하지만, 그런 변화들이 너무 급격하고 갑작스러워 대단히 주의를 기울여야 한다. 브레일린의 경우는 성적도 떨어지기 시작했다.

브레일린을 처음 만났을 때 아이는 겁을 먹은 것 같았다. 이 아이는 120센티미터 정도의 키에 몸무게는 35킬로그램도 안 되어 보였는데, 나는 180센티미터가 넘는 키에 몸무게는 그녀보다 두 배가 넘고 대머리 아저씨였으니 두려워하는 게 당연했다. 액션 영화배우 빈 디젤 정도는 아니겠지만, 내 몸집이나 거침없는 외향적 성격은 청소년들에게 위협적으로 느껴질 수 있을 터였다.

브레일린에게 자신에 대해 이야기해 달라고 했다.

"모르겠어요. 이야기할 만한 게 없어요."

"무슨 뜻이니?" 내가 물었다.

"그냥 저한테는 흥미로운 게 별로 없어요." 그녀는 소파 가장자리에 앉아 발끝을 내려다보며 말했다.

"정말? 너는 중학교 3학년이잖아!" 나를 쳐다보게 하려고 나는 약간 큰 소리로 말했다. "내가 만난 3학년들은 재미있어 하는 게 하나씩은 있던데. 너는 재미로 뭘 하는 걸 좋아하니?"

친구들과의 관계가 좋은 십 대들은 이런 질문에 보통 "친구들과 노는 거요"라고 대답한다. 나는 브레일린이 춤추는 걸 좋아한다고 알고 있었다.

"모르겠어요. 요즘은 즐거울 일이 없었어요." 그녀가 슬픈 표정으로 말했다.

"음, 알겠다. 그러니까 너한테 요즘은 즐거운 일이 없다는 거구나?" 내가 물었다.

"네, 즐겁게 지내고 싶고, 노력도 해 보는데요. 부모님은 제가 노력하지 않는다고 하시지만, 저는, 페더 … 선생님, 제가 선생님 이름을 어떻게 발음해야 할까요?" 그녀는 겁먹은 표정으로, '페더필' pedophile('소아성애자'라는 뜻 - 역자 주)이라고 발음할 수도 있었지만, 나를 불쾌하게 할까 봐 주저했다. 이런 일은 전에도 있었다.

"내 이름을 어떻게 발음해야 할지 좀 난감하지? 물론 '페더필'은 아니야!" 내가 크게 웃으며 말했더니, 브레일린도 예쁜 미소를 지어 주었다. 아마 부모님도 그녀의 이 아름다운 미소를 잊어버렸는지도 모른다.

"내 이름은 페-터-피스(peh-tuh-feece)란다. 워낙 발음하기 힘든 이름이다 보니, 네가 잘못 발음했다고 걱정할 건 없어. 나를 그냥 P 또는 P 선생님이라고 불러도 돼." 아이가 다시 살짝 웃었다. 이 정도가 상담 시간 동안 브레일린이 자신에게 허용한 재미였을 것이다. 내가 너무 빨리 치료에 접근했다면 아이는 내게 화를 냈을지도 모른다. 아이는 자기 자신에게도 화를 냈을 것이다. 낯선 사람이 그렇게 빨리 자신의 기분을 좋게 만들 수 있다면, 왜 자신은 그렇게 할 수 없었을까?

"엄마랑 아빠가 너한테 '브레일린, 기분이 좋아지게 노력 좀 해 봐'라고 말씀하시면, 어떤 생각이 드니?"

"그러니까 …, '진심이야? 내가 이런 느낌을 좋아한다고 생각하는 거야? 난 정말로 우울하다고, 나라고 늘 슬퍼하고 싶겠어?'"

"알겠다. 그러니까 네 말은, '저기요, 정말 듣고 싶으세요? 엄마 아빠는 제가 아침에 일어나면, '너 뭐가 좋은 건지 알지? 우울해하고 재미없어 하는 거야. 그게 근사한 거라고! 바로 시작해. 그렇게 만들어 보라고'라고 저 자신에게 말한다고 생각하시는 건가요?'라는 거구나."

"완전 맞아요. 드디어 저를 이해해 주시는 분을 찾았네요!" 그녀는 큰 소리로 대답하고는 엄청난 짐을 내려놓았다는 듯이, 소파 등받이에 몸을 기댔다.

경청은 왜 그렇게 힘들까?

다음 내용을 포함하여 경청을 힘들게 하는 요소는 여러 가지다.

- 상황을 바로잡겠다는 기대나 욕구
- 올바름에 대한 욕구
- 긴박함에 대한 그릇된 이해
- 올바른 것을 말하지 못하면 안 된다는 두려움 때문에 끊임없이 뭔가 말해야 한다고 생각하는 태도
- "어른들은 무엇을 말해야 할지 모르니, 사실 별 도움이 되지 않아"라는 청소년들의 말을 잘못 해석하기. 청소년들이 이런 말을 할 때, 어른들은 '올바른 충고를 하는' 것이 그들에게 도움이 된다고 잘못 해석한다. 어른들은 듣고만 있으면 어떤 압박감을 느낄 수도 있다. 한 어른은 내게 "듣는 것만으로는 충분하지 않았다는 걸 알고 있어요. 무언가를 말했어야 했어요"라고 말했다. 잘 듣고 이 장에 나오는 기술을 활용하여 그들에게 들은 말을 곱씹어 보는 것이 충고보다 청소년들에게 실제로 도움이 된다. 대부분의 경우 충고는 별로 도움이 되지 않는다.

- 어른들의 말을 듣고 이해해 주기를 바라는 욕구
- 말로만 해결하려고 하기
- 십 대들의 소통하려는 노력을 이해하지 못하는 태도
- 말만 하고 행동으로 옮기지 않는 청소년을 보면서 드는 무력감
- 청소년을 돌보는 일이 의미 없고 중요하지 않다는 느낌

저항이란?

청소년들에게 뭔가를 하게 하고, 믿게 하고, 선택하게 하고, 가치를 부여하도록 할 때마다, 청소년이 하지 않을 때가 있다. 그게 저항이다. 나는 날마다 인간의 저항, 특히 청소년들의 저항에 대해 연구한다. 청소년들이 내 상담실에 들어올 때마다, 나를 향해 쏘아 대는 칼날 같은 시선과 상담실 소파에 털썩 몸을 던지는 걸 본다. 나는 그들이 상담에는 털끝만큼도 관심이 없지만 누군가 가라고 해서 어쩔 수 없이 왔다는 걸 바로 알 수 있다. 이러한 비언어적인 공격적 신호를 눈치챈 대부분의 어른들은 흔히 방어적인 태도를 취한다. 그런 태도를 개인을 향한 저항으로 받아들이거나, 그런 태도를 무시하고 곧바로 우리의 관심사로 직행하곤 한다. 그러나 이렇게 접근하면 저항만 거세질 뿐이다.

어떻게 저항하는가?
우선 청소년들이 드러내는 저항의 양상을 파악해야 한다.

- 냉담함 또는 '아무 상관 없다'는 태도
- 예컨대 적대적인 어조나 단답형으로 답하기
- 어휘나 문장 선택. 예컨대 "나는 여기 오고 싶지 않았어요", "나는 여기 억지로 온 거예요" 또는 당신이 제안하는 것에 대해 "네, 하지만 …"으로 답하기 등
- 굉장히 위축되어 있거나 공격적인 태도
- 비웃듯이 웃거나, 눈을 굴리고, 눈썹을 치켜올리기 등과 같은 표정
- 논리적인 주장 거부하기

이런 모든 것이 저항의 신호지만, "나는 당신 말을 절대 듣지 않을 거야"로 해석하는 것은 잘못이다. 이는 "나는 당신과 소통할 준비가 되지 않았어요"라는 표현으로 읽는 게 좋다. 이런 신호를 보이는 청소년에게 접근하는 방식은 저항에 대처하는 방식에 영향을 준다.

저항에 대처하는 데 효과적이지 않은 방법들

목소리 높이기

많은 사람이 상대가 나의 제안이나 요청 또는 명령 같은 언어적 메시지에 반응하지 않을 때, 더 크게 더 반복해서 말하면 원하는 결과를 얻을 수 있다고 생각한다. 이것은 사람에 관한 이해와 저항의 힘에 관한 근본적인 이해가 부족함을 나타낸다. 사람이 변화하는 건 논리 덕분이라고 짐작하기도 한다. 전혀 그렇지 않다.

논리 늘어놓기

당신은 논리적 추론에 근거하여 인생에서 사소한 변화를 만들 수 있을 것이다. 그러나 대부분의 사람은 인생에서 그렇게 해야 할 감정적인 이유 없이 삶의 큰 변화를 이룰 수 없다. 종종 이러한 감정적 이유는 높은 수준의 신뢰, 보살핌 그리고 이해가 특징인 관계의 맥락에서 발견된다. 목소리를 높이거나 하고 싶은 말만 반복해 봐야 저항만 키울 뿐이며, 메시지를 주고받는 일을 더 힘들게 만든다.

～～～～～～～～～～～

"도대체 몇 번이나 말해야 하니?"라고 말하는 자신을 발견하거나, 십대에게 (대개 그들이 듣고 있지 않다고 우리가 느끼고 있기 때문에) 언성을 높인 적이 있다면, 당신이 저항에 부딪히고 있다는 신호다. 당신이 부모든 교사든, 청소년과 맺고 있는 관계의 특성에 따라, 좋은 결과를 얻을 가치가 있는 문제를 해결하려고 애쓰는 동안 이런 저항에 직면할 수 있다. 이 장 후반부에서 그 결과에 대해 상세하게 논의하겠다.

저항의 네 가지 유형

지적 저항

지적 저항의 예로는 다른 관점 표현하기, 다른 사람의 논리나 추론에 동의하지 않기, 모르는 척하기 등이 있다. 이런 유형의 저항에 잘 대처하는 것이 우리 가톨릭의 강점이다. 가톨릭은 신앙 교리를 뒷받침하는 철학적 · 신학적 · 성경적 자원을 제공하는 풍부한 전통이 있다. 그러나 오늘날 많은 청소년이 드러내는 지적 저항은 신앙 문제의 본질적 타당성에 대해서라기보다는, 신앙에 관한 주장이 엄격한 과학에서 이루어지고 있는 경험적 발견과 어떻게 조화될 수 있는가에 관한 것이 더 많다.

십 대를 돌보는 어른들에게 지적 저항은 도전적인 영역이다. 그런 중요한 질문들에 어떻게 답해야 할지 모르는 어른들 중에 답을 찾고 청소년들에게 설명해 줄 최선의 방법을 찾기 위해 연구하는 것을 즐기는 이도 있다. 그러나 많은 어른이 내게 이렇게 말한다. "로이 선생님, 저는 청소년들을 도와주고 싶어요. 하지만 걔들이 하는 질문에 대답을 못하겠어요. 그런 문제들을 찾아볼 시간도 없고 그러고 싶지도 않거든요." 청소년을 동반하기 위해 당신이 과학자나 신학자가 될 필요는 없다. 나는 지적 재능을 타고났고 내 역량을 시험에 들게 하는 청소년을 많이 만났다. 대답이 막힐 때는, "나도 그 질문에 답을 해 주고 싶은데, 답을 모르겠구나. 네 질문에 더 잘 대답해 줄 수 있는 다른 사람과 이야기하는 것은 어떠니?"라고 말한다. 이렇게 말하는 편이 청소년에게 존중받을 수 있다. 청소년들도 우리가 답을 모른다는 것을 아는데, 모르면서 아는 것처럼 행동하면 오히려 우리는 그들의 존경심을 잃는다. "모르겠구나", "나도 찾아볼게", "다른 사람에게 물어볼게"라고 말하거나, 그들과 이야기를 나눌 누군가를 추천해 주는 것은 다 괜찮다.

정서적 저항

겉으로 보기에 신앙에 대한 청소년의 지적인 질문들은 종종 더 깊고 더 정서적인 문제를 가리고 있다. 정서적인 문제에 대해 지적인 내용으로 대답하려고 하면 정서적인 저항을 불러일으키는 경우가 많다. 이런 유형의 저항은 대개 상처를 입었거나 낙담한 데서 비롯된 실망을 경험한 결과다. 특히 다른 사람이나 다른 일을 탓할 수 없을 때 보통 정서적 저항이 일어난다. 예를 들어, 가까운 사람의 죽음, 자연재해 또는 이혼 같은 가족의 붕괴를 경험할 때다. 다른 모두에게 통하지 않으면, 의식적으로든 무의식적으로든 비난은 하느님을 향하게 될 것이다.

"저는 불가지론자예요", "저는 무신론자예요", "그리스도인은 위선자들이에요"라고 말하는 것은 종종 지적인 저항으로 오해되지만, 정서적 저항의 징후다. 이런 말들은 "저는 하느님과 교회에 대해 뭔가 이해가 되지 않는다는 느낌이 있어요", "저는 하느님에 대해 화가 나요" 또는 "우리 부모님은 이혼하셨어요. 하지만 저는 여전히 두 분 다 사랑하고, 부모님에게 화를 낼 수는 없고, 두 분을 이혼하게 만든 하느님이 원망스러워요"라고 말하는 것보다 나은 것 같다. 이런 말의 숨은 뜻을 인식하는 청소년은 거의 없을 것이다. 높은 수준의 정서적 인식을 소유한 청소년들조차, 교실, 청소년 모임 또는 견진 교리 공부에서 그런 내용을 공유할 수 없을 것이다.

청소년이 자기는 교황을 싫어하며 교황이 자기 아빠를 데려간 하느님을 대변하는 사람이기 때문이라고 말한다면, 당신이 사도전

승에 관해 아주 설득력 있게 설명할 수도 있겠지만, 그것은 시간 낭비일 뿐이다. 정서적 저항을 대하는 최선의 방법은 그저 받아 주는 것이다. 저항에 맞서고, 논쟁하고, 저항하지 말라고 설득하는 것은 더 큰 저항을 불러오고, 당신의 역할을 (그리고 당신의 생활까지도) 더 힘들게 만들 뿐이다.

저항하는 청소년에게는 지금 그들이 있는 곳에 있게 하고, 그들이 느끼는 것을 느끼게 허락하고 그것을 받아 주는 것이 필요하다. 가장 중요한 것은, 그들이 자신의 감정을 자유롭게 표현할 수 있는 안전한 장소가 있어야 한다는 것이다. 당신이 그런 안전지대가 되어 준다면, 당신은 그들이 저항하려 드는 하느님에 대한 더 정확하고 사랑 가득한 모습을 보여 주는 권한을 갖게 된다. (이 모든 내용은 청소년에게뿐 아니라, 젊은이나 어른에게도 적용된다.)

영적 저항

죄는 그리스도와의 관계에서 벗어나는 선택이다. 더 심각하고 반복적으로 우리가 그리스도에게서 멀어질수록, 그 관계로 다시 들어가고 관계를 개선하려는 데 더 저항하게 된다. 다시 말해서, 참회하지 않는 죄는 누적되어서 우리를 그리스도에게서 더욱 멀어지게 한다.

신체적 저항

사람들은 몸을 움직임으로써, 즉 만지고, 움직이고, 만들어 내고, 또 심지어 파괴하는 활동을 통해, 경험하고 배우고 일을 처리한다. 이것은 특히 남성들에게 더 잘 적용된다. 나는 강한 저항을 보이는 몇몇 청소년들이 멕시코에서 막노동을 하는 동안, 말을 타고 달리는 동안, 산중 호숫가에서 로켓처럼 날아올라 거대한 구름 베개 속으로 뛰어들었다가 호수에 빠지고 나서야 마음을 여는 것을 보았다.

옳은 일을 해야 한다는 욕구에 사로잡힘

"옳다는 것으로는 충분하지 않다. 우리는 능률적이어야 한다"라는 말을 들은 적이 있다. 당신은 능률적이고 싶어 하기 때문에 이 책을 읽는다. 청소년들에게 효과적으로 영향을 미치는 것은 그들을 초대하는 것이 아니라, 그들이 있는 곳으로 가서 그들과 만나는 것에서 시작된다. 급박한 상황이 아니라면, 시간을 갖고 공감할 에너지를 모을 수 있을 때까지 토론은 천천히 진행하거나 연기하는 게 좋다. 그렇게 하지 않으면 당신은 능률적이기 힘들고, 관계에서 저항이 커질 수 있다.

우리가 똑같은 이야기를 반복할 때, 청소년이 (그리고 모든 연령대의 사람들이) 듣게 되는 것은, "중요한 건 나와 내가 다루는 문제란다. 잘 들어, 내 말이 옳고, 나는 중요한 말을 하는 거니까"이다. 우리가 전하려는 건 그런 게 아니지만, 청소년들이 듣는 것이 바로 그것이니 우리가 나누는 내용은 그것이 전부다. 이런 역학을 상기시키는 아주 지혜로운 속담이 하나 있다. "당신이 들은 것을 나에게 말해 주지 않으면, 나는 내가 무슨 말을 했는지 모른다."

사실 너무 많은 어른이 청소년에게 긍정적인 영향을 미칠 최적의 기회를 만들기 위해, 자신의 의제, 즉 도덕적이고 고귀한 내용들을 포기하지 않는다. 어른들은 십 대 청소년들에게 다가가기 위해 해야 할 일에 초점을 두는 대신, 옳은 일을 해야 한다는 욕구에 사로잡혀 있다. 옳다는 것은 정확성과 동일한 것이 아니다. 정확성은 객관적인 현실이다. 어떤 장치가 있다고 하자. 그것은 초록색이거나 초록색이 아니다. 만일 그것이 초록색이라면, 내가 그것을 초록색이라고 인정하는지 마는지는 중요하지 않다. 그 장치는 초록색이다. 내가 어떤 말을 하든 현실을 바꾸지는 못한다.

반면에 옳아야 한다는 것은 자아(ego)의 욕구다. 초록색 장치는 초록색임을 주장하기 위해 당신이 필요하지 않다. 누가 뭐라고 하든 그냥 초록색이다. 당신이 나에게 당신 말에 동의해야 한다고 하거나, 내가 당신 말에 동의하지 않는다고 화를 낸다면, 그것은 당신이 효과적인 것보다 옳은 것에 더 관심이 있다는 사실을 명확하게 드러내는 표지다. 청소년에게 당신의 방식대로 상황을 바라보게 하려는 욕구는 옳아야 한다는 당신 자아의 욕구에서 비롯된 것이다.

들을 권한을 얻기

청소년들이, 어른이 말씀하셨기 때문에, 어른이 하라는 그대로 하던 시절은 오래전에 지나갔다. '아버지가 말씀하셔서', '누나가 하라고 해서', '선생님이 말씀하셔서', 심지어 '엄마 아빠가 하라고 해서' 등은 1970~1980년대 내가 어렸을 때와는 달리 더 이상 통하지 않는다. 청소년의 삶에서 당신의 위치나 역할은 당신이 그들의 말을 들어줄 태도를 취하지 않고서는 더 이상 중요한 문제가 되지 못한다.

경청이 그토록 중요한 또 다른 이유가 바로 이것이다. 당신은 먼저 이야기를 들어 줄 권한을 얻어야 한다. 특히 좋은 질문들이 뒤따를 때는 더 잘 들어야 한다. 들어 줄 권한을 얻었을 때, 오로지 그때, 우리는 청소년에게 영향을 미칠 수 있다.

'그래서는 안 되지'라는 섬

시대가 변했다. 우리가 자란 문화보다 훨씬 더 급격히 복잡해지고 있는 문화 속에서, 청소년들에게 영향을 끼치려 노력하는 일은 수많은 어른을 우울하게 한다. 하지만 여전히 어른들은 "그래서는 안 되지"라고 말한다. 아닐 수도 있지만, 모든 일이 벌어진다. 세상은 그래서는 안 되지만 실제로 일어나는 수많은 사건, 상황, 변화로 가득 차 있다. 그러니 우리가 그래서는 안 된다는 일을 두고 한탄하는 사이, 우리 청소년들에게 진짜로 해를 끼치는 일들은 더 심각해지고, 어른들은 효과적인 방식으로 청소년들에게 가까이 가기가 점점 더 어려워지고 있다.

"그래서는 안 되지"라고 말하는 자신을 발견한다면, 종종 무의식적으로 당신이 하고 있는 그런 행동은 어떤 상황이나 쟁점, 문제를 헤아릴 수 없는 복잡성 탓으로 돌리는 것이다. 이것은 당신이 통제할 수 없는 어떤 우주적인 힘의 결과임에 틀림없다고 믿는 것이다. 이는 당신에게 변하지 않으려는 핑계를 제공한다. 문제의 본질을 이해하는 데 필요한 시간, 에너지, 노력을 투자하지 않으려는 핑계, 행동하지 않으려는 핑계다. 간단히 말해서, '그래서는 안 되지'라는 말은 종종 책임 회피가 된다.

당신이 '그래서는 안 되지'라고 생각하거나 말하고 있다면, 당신의 좌절감을 인정하라. "나는 지금 너무 크고 복잡해서 이해할 수도 없는 문제에 직면해 있고, 그 상황에 영향을 미치는 데 완전히 무력감을 느끼고 있다." 우리가 사춘기 청소년의 저항에 (또는 극복할 수 없는 것처럼 보이는 어떤 다른 문제에) 맞닥뜨렸을 때, 우리 마음 안에 일어나고 있는 것을 분명히 인식하고 이름을 붙이는 일이 그 문제를 해결하는 첫 단계다.

일단 자신의 두려움을 인정하고 나면, 다음 단계로 한 걸음 한 걸음 나아갈 수 있다. "나에게는 지금 당장 이 문제를 다룰 수 있는 정보와 기술이 충분하지 않아." 그러면 이제 해결을 위한 길을 연 것이다. 더 많은 정보를 얻으면 더 많이 이해하게 될 것이다. 필요한 정보를 얻을 수 있는 방법은 많지만, 청소년들에게 직접 물어보는 것보다 더 좋은 방법은 없다. 모든 상담에서 내가 사용하는 문장은 이것이다. "나는 지금 네가 겪고 있는 일을 이해하고 싶어. 내가 이해할 수 있게 도와주면 좋겠다." 진실하고 진정성 있게 이렇게 표현하면, 청소년들은 새로운 정보로 가득 찬 보물 창고로 당신에게 보답해 줄 것이다.

저항을 어떻게 극복할 것인가?

저항을 인식하는 일이 첫 번째 장애물이다. 보이지 않는 적을 이길 수는 없다. 그다음 과제는 저항에 대처하는 일이다. 당신이 청소년을 도우려 할 때 발생하는 저항을 극복하는 데 도움이 되는 몇 가지 조언을 소개한다.

문제 이면에 숨은 문제에 대해 경청하기

예컨대 한 청소년이, 낙태에 관해 "어떻게 교회가 낙태를 대죄라고 말할 수 있는 거죠? 여성의 몸이고, 여성은 선택의 권리가 있는 거잖아요"라고 질문할 때, 방어적으로 언성을 높이기보다 이렇게 질문하자. "나도 너의 질문에 같이 고심해 보고 싶은데, (당신이 그 질문에 답변하지 않기로 결정했을지 모르니, 그 질문에 대해 답을 하겠다는 단어를 쓰지 말자) 혹시 나에게 (또는 어떤 집단에 속해 있다면 그 집단에게) 낙태와 관련된 교회의 가르침에 관한 너의 느낌과 의견을 나눠 줄 수 있니?" 청소년들은 자신에게 귀 기울이고 이해받고 있다고 느껴야 당신의 말을 들으려 할 것이다. 그들이 정말로 묻고 싶은 것은 "제가 (또는 내 친구나 우리 엄마가) 낙태를 했다면, 저는 (또는 그 사람은) 지옥에 떨어져야 하나요?"일지도 모른다.

적극적인 경청의 기술 연습하기

청소년이 무슨 말을 하고 있는지 세심하게 주의를 기울여야 한다. 당신이 들은 것을 그들에게 다시 반복하고, 잘 이해한 것이 맞는지 질문해야 한다.

상대의 감정과 의견을 이해하고 인정하기

모든 사람에게 감정과 의견이 있다. 그러나 당신이 한 번이라도 한눈을 팔거나, 비웃거나, 그 방에 있는 다른 사람에게 비난하는 듯한 눈빛을 보낸다면 당신은 끝난 것이다. 청소년은 존중받지 못한다고 느낄 것이고, 이것은 청소년들이 어른들, 하느님, 교회 그리고 그리스도교 자체에 관해 현재 지니고 있는 감정이나 의견을 강화할 뿐이다.

경청의 효과

- 다른 사람들이 우리의 이야기나 경험을 이해할 수 있을 때, 우리도 다른 사람들의 경험을 더 잘 이해할 수 있다.
- 이야기를 잘 들어 준다고 느낄 때, 혼자가 아니라고 느낀다.
- 어떤 사람이 우리에게 집중해서 관심을 보여 줄 때, 우리는 중요하고 보살핌을 받는다는 기분을 느낀다.

경청의 기술들

"로이 선생님, 저는 경청을 잘 못하는 것 같아요"라고 말하는 사람이 있다. 어떤 일이 어떤 사람에게 자연스럽게 찾아와 무의식적으로 학습되는 경우가 있지만, 대부분의 사람들이 무언가를 잘하고 싶다면 기술을 배워야 한다는 사실에는 변함이 없다. 자전거를 타려면 연습과 반복을 통해 익힌 일련의 기술이 필요하다. 경청도 다르지 않다. 잘 듣는 사람이 되기 위해 배워야 할 몇 가지 기술을 알아보자.

눈 맞추기

눈 맞추기는 까다로울 수 있다. 다른 사람의 눈을 빤히 쳐다보는 일은 상대를 주눅들게 할 수 있고, 당신도 그렇게 느낄 수 있다. 말이나 행동으로 청소년들에게 자신이 약하다는 느낌을 들게 하는 일이 때로는 필요하다. 그러나 친해지기도 전에, 시기가 적절하지 않다면 그들에게 지나치게 노출되었다는 기분이 들게 할 수 있다. 지나치게 노출되었다는 기분이 들면 청소년들은 당황할 것이다. 당황하는 것을 좋아하는 사람은 없다. 특히 자의식이 강한 청소년들은 그런 상황을 더욱 좋아하지 않는다. 청소년들은 지나치게 노출되었다고 느끼면 당신과의 접촉, 연결성 또는 관계를 끊어 버릴 위험이 있다. 오늘날 많은 청소년이 스마트폰이나 컴퓨터 같은 기기들을 들여다보며 하루를 보내므로, 그들이 실제로 눈을 맞추는 시간은 아주 적다. 어른들이 청소년들과 눈을 맞추려 할 때, 무의식적으로라도 그들에게 강한 인상을 주게 된다. 아주 조심스럽게 다가가자.

　"눈은 마음의 창"이라는 말이 있다. 눈 맞추기를 잘하면 우리는 서로에 대해 진정한 관심을 교환할 수 있다. 아주 강력한 방식으로, 청소년들에게 그들이 중요한 존재라는 사실을 전달할 수 있다.

주의 기울이기

주의(attention)라는 말에 '지불하다'(pay)라는 단어가 사용된 것을 보면, 주의가 우리에게 가장 중요한 상품이라는 것을 강조한 듯하다. 우리는 해야 할 일이 많은데, 우리가 누구에게 주의를 기울이는 것은, 정말로 투자를 하거나 상당한 대가를 치르는 것을 의미한다. 우리가 관심이라는 선물을 청소년에게 투자할 때, 우리는 아주 독특한 방식으로 그들에게 다가갈 수 있는 기회라는 이익을 얻는다.

'주의 기울이기'(pay attention)는 참 어렵다. 우리가 청소년들에게 주의를 기울이지 못하면, 그들에게 주목하지 않는 것뿐 아니라 말을 통해서는 전달되지 않을 수 있는 중요한 정보를 잠재적으로 놓치게 된다. 어떤 아이는 "아빠를 사랑해요"라고 환하게 웃으며 말하고, 또 그 말이 진심임을 표정을 통해서도 알 수 있다. 그러다가 다시, 뭔가 설득력 없는 어조로 "아빠를 사랑해요"라고 말하며 얼굴 표정도 약간 생기가 없고 시선을 돌릴 수도 있다. 주의를 기울이지 않으면, 그 아이에게서 중요한 정보를 놓치게 된다. 아이가 그 단어를 말하고는 있지만, 그것이 진심이 아닐 수도 있다. 뭔가 앞뒤가 맞지 않을 때, 왜 그 아이가 아빠를 사랑한다고 말하는지 탐색해 보아야 한다. 당신은 이렇게 말할 수 있다. "정말? 내 말은, 우리가 지금 그 일에 대해 말할 필요가 있나 해서. 하지만 모르겠다. 네가 말하는 걸 들으니, 그 말이 진심인지 어떤지 궁금증이 생기네. 네가 아빠를 사랑한다는 것을 의심하지 않지만, 아빠에 대해 또는 아빠를 사랑하는 것에 대해, 하고 싶은 말이 더 있는지 궁금하다는 거지." 적절한 시점이 아니라면 그 아이는 '아니에요'라고 말할 것이고, 적절한 때라면 더 많은 이야기를 할 것이다. 그러나 당신이 주의를 기울이고 있다는 것을 알게 될 때만 아이는 당신에게 더 많은 이야기를 해 줄 것이다.

나는 때로 어린이들, 청소년들, 젊은이들이 내가 주의를 기울이고 있는지 확인하기 위해, 의도적으로 말과 일치하지 않는 비언어적인 행동을 하는 것을 자주 보았다. 이러한 태도는 물에 들어가도 안전할지 테스트해 보는 '발가락 담그기'의 심리학적 버전이다. 자신이 말하고 싶은 것을 입 밖으로 꺼내도 괜찮을지 확인하려는 것이다. 젊은이들, 특히 십 대 청소년들은 어른들이 안전한 사람인지, 주의를 기울이고 있는지 평가하기 위해 끊임없이 '발가락 담그기'를 한다.

우리가 누군가를 정말로 잘 알고 있을 때 오히려 부주의해지기가 쉽다. '이 말은 전에도 들었어. 좀 쉬어도 되겠네. 다음에 무슨 말이 나올지 아니까'라고 해석될 단서들을 끄집어낸다. 진실은 무슨 말이 나올지 알 수도 모를 수도 있다는 것이다. 더욱이 그것은 경청의 가치에 대한 실용적인 관점이다. 청소년들은 똑같은 이야기를 하고 또 하는 걸 들어 줄 어른들을 필요로 한다. 또래 친구들은 그런 이야기를 지겨워하기 때문이다. 이 장 후반부에서 더 자세히 논의하겠지만, '끝까지 들어 주기'는 청소년에게는 매우 중요하다. 하지만 잘 들어 주기 위해서는, 주의를 기울이는 일이 꼭 필요하다.

질문이 대답보다 훨씬 중요하다

오랫동안 학교에서 일하면서, 나는 정보를 얻으며 수많은 대답을 모아 두었다. 이십 년 넘게 학교에서 상담하면서 모아 둔 노트 수십 권과 마찬가지로, 이 대답들은 아주 오랫동안 내 책장을 가득 채웠다. 상담을 시작했을 때 내 대답들이 청소년 내담자들에게 도움이 되지 않는다는 사실을 깨달았다. 무엇이 문제인지 알 수 있었고, 해결 방법을 정확하게 말해 줄 수 있었지만, 그들은 거부했다. 얼마나 좌절했던가! '왜 내 말을 듣지 않니?' 나는 이렇게 생각했다. 진작부터 내담자들도 똑같은 생각을 하고 있다는 걸 깨달았다. 내담자들이 말을 하려 하지 않을 때 어떻게 들을 수 있는지 몰랐기 때문에 나는 어려움을 겪었다. 그러다 나는 청소년 내담자들이 내 대답을 듣고 싶어하지 않는다는 걸 깨달았다. 그들은 내가 강력한 질문을 하고, 내 삶이 그들의 대답에 달려 있는 것처럼 몰입해서 들어 주기를 바랐다.

나는 계속해서 그런 질문들을 모아 나갔다. 나는 질문들을 적고 목록으로 정리하기 시작했다. 청소년들과 어떤 상황에서든 하나의 질문만이 아니라 다양한 각도에서 일련의 질문을 했다. 이것은 내가 질문을 하지 않으면 많은 정보를 주지 않았을 청소년과 대화를 시작하고 계속해 나가는 데 도움이 되었다. 그 대부분의 질문을 이 책에 담아 두었지만, 당신도 자신만의 질문을 모아 나가기를 권한다. 당신이 이 책에서 발견한 질문들과 다른 곳에서 얻은 질문들을 모두 활용하는 게 좋다. 청소년들과 활동하는 다른 어른들에게 물어볼 수 있는 몇 가지 질문도 있다. "당신이라면 이 문제에 대해 청소년에게 어떻게 질문하시겠어요? 이런 이슈에 대해 청소년과 어떻게 의논하시겠어요? 뭐라고 말씀하시겠어요?" 그들이 하는 말에 공감했다면, 당신의 말로 표현해 보고 기록해 보자.

당신의 선입견 깨닫기

가능한 한 자주 열린 마음으로 상호작용을 시작하자. 쉽지 않은 일이지만, 자신의 선입견이나 가정으로 시야가 흐려져 있으면, 우리 앞에 있는 청소년의 현실을 보기가 힘들다. 사춘기는 모든 면에서 급격한 변화가 일어나는 시기다. 내가 교실에서 가르칠 때, 내 책상 위에는 이런 메모가 있었다. "이 아이들은 어제 내가 만난 아이들이 아니다. 이 아이들에 대해 알아 가자."

미소 짓기

대부분의 청소년이 어른을 경계한다. 어른들이 인색하고 그들에게 못되게 굴 거라고는 생각하지 않지만, 청소년들은 우리를 신뢰하지 않는 경향이 있다. 진실한 미소는 우리가 적이 아님을 알려 준다. 미소는 또한 청소년들이 누군가를 웃게 해 주는 사람이라고 말해 준다.

열린 질문을 하고 경청하기

대답이 짧거나 조금 이상한 행동을 하더라도, 그건 대개 그들이 긴장하기 때문이다. 청소년들은 관심 받고 싶어 하고, 그들이 무슨 생각을 하고 있는지 당신이 관심을 갖고 있고, 관심이 있다는 것을 알려 주려고 노력하는 것에 고마워한다. 우리가 그들에게 질문하고, 그들이 대답하는 동안 인내심 있게 듣는 습관을 들일 때, 그들은 상대방이 자신을 알아 가고 있다고 느낀다. 그들은 이것을 긍정적인 방식으로 우리가 그들에게 집중하는 것으로 경험하고, 이것은 그들의 긍정적인 자존감 형성에 기여한다. 이것이 신뢰를 쌓을 수 있는 또 다른 기회이자, 열린 소통의 통로다.

들은 것을 반복하기: 메아리 방

한 아이가 나에게 자기 학교 상담 선생님이 마음에 들지 않는다고 말한 적이 있다. "그 선생님은 제 말을 듣는 건지 도무지 알 수가 없어요. 그런 것 같긴 한데, 제 말을 이해하는 건지 아닌지 모르겠어요. 흠, 지금 생각해 보면, 선생님이 나를 이해하고 싶긴 한 건지 모르겠네요." 아무리 유능하고 노련한 상담사라도 이 간단한 기술을 무시할 수 있다. 그러니 당신이 청소년들에게 잘 듣고 있다는 사실을 알게 해 주고, 당신이 지금 들은 것이 그들이 정말로 말하려는 것인지 물어봐야 한다.

어떤 청소년은 당신에게 와서 이렇게 말할 수도 있다. "저는 우리 학교가 싫어요. 이 학교를 떠나 다시 오고 싶지 않아요. 예전에 다니던 학교로 돌아갈 수만 있다면, 정말 좋겠어요!" 이 말에 대해 가능한 메아리는 이렇다. "그러니까 너는 지금 '난 이 학교가 싫어. 이

학교에 왔을 때 내 인생은 정말 엉망진창이 되었다고. 예전 학교로 돌아가고 싶어. 거기에는 적어도 친한 사람들도 있고 친구들도 몇 명은 있었거든'이라고 말하고 싶은 거구나?"

이런 유형의 피드백은 그들이 말하려는 것을 우리가 잘 이해했는지를 나타내 줌으로써, 청소년들에게 '예 또는 아니요'라고 말할 수 있는 힘을 준다. 어른과 청소년의 관계에서는 항상 권력의 차이가 존재한다. 청소년이 아무리 호기롭게 행동한다 하더라도, 그들이나 우리 모두 일반적으로 어른들이 힘을 갖고 있다는 걸 알고 있다. 그런 사실 때문에, 청소년들 역시 우리가 옳은 말과 행동을 해 주길 바란다. 그래서 당신이 들은 내용을 사실로 확정해서 말한다면, 그들은 속으로 "여기가 그렇게 싫다고 생각하지 않았지만, 싫은 것 같긴 하고 …"라고 자신에게 다시 질문할 것이다. 당신이 들은 내용을 "그건 ~인 것 같구나"라고 단정하지 않고 표현하면, 청소년은 "네, 맞아요"라든가 "흠 …, 딱히 그렇진 않아요"처럼, 조금은 다른 방식으로 반응할 기회를 얻게 된다. 여기서는 그들의 비언어적 표현에 주의를 기울이는 것이 핵심이다. 그들은 당신이 정말로 이해하고 있는지 아닌지를 말해 줄 것이기 때문이다.

아이가 "네, 그런 거 같아요"라고 한다면, 그건 '아니'라는 의미다. 그럼 당신은 "좋아, 네가 말하려는 것 또는 하려는 것을 내가 완전히 이해하지 못한 것 같구나. 내가 어느 부분을 놓친 건지 궁금한데 …"라고 말해야 한다. 반면에 청소년들이 "정확해요"라고 말한다면, 당신이 잘 알아들었다는 의미다. 때로 나이가 좀 더 있는 청소년은 "네 ···"라고 하면서도 이야기를 계속하려고 할 것이다. 당신이 단정 짓지 않으면서 말했기 때문에, 그들은 당신이 그들과 그들의 경험을 존중한다는 것을 알고 그들이 말하는 것을 당신이 이해할 수 있도록 좀 더 많은 이야기를 할 것이다.

십 대 초반이든 대학생이든 연령과는 무관하게 청소년에게는 늘 있는 경우로, 전두엽 피질이 완전히 발달하기(25세 전후) 전까지, 그들은 항상 자신의 경험에 딱 들어맞는 언어를 찾으려고 노력한다. 2장의 내용을 다시 기억해 보면, 우리가 청소년을 도울 수 있는 가장 좋은 방법 중 하나는 그들이 경험에 맞는 언어를 찾도록 돕는 일이다. 우리가 겪고 있는 것에 이름을 붙일 때, 그것이 아무리 힘겨운 것이라 하더라도, 우리는 그것을 통제할 수 있는 감각을 갖게 되고 (강렬한) 감정의 변화를 덜 느끼게 된다.

청소년들의 말을 경청하는 일은 그들의 말을 당신이 이해하고 있다는 사실을 알게 해 줄 뿐 아니라, 그들이 하느님의 자녀로서 존엄함을 타고났다는 사실을 확인시켜 주는 강력하고 중요한 기술이다. 주의를 기울이고, 분명하게 질문하고, 당신이 들은 것을 다시 말해 줌으로써 잘 경청하는 일은, (그들이 아직 잘 설명하지는 못하더라도) 당신이 그들에게 관심을 기울이고 있고, 그들이 중요하다는 사실을 청소년들에게 말해 준다. 이것이 예수님께서 사람들이 느끼도록 돕는 방식이다.

핵심 내용

- 청소년의 말을 진심으로 경청하는 것은 그들에게 깊고 긍정적인 영향을 미칠 수 있는 강력한 기술이자 우리가 그들에게 해줄 수 있는 봉사다.

- 경청은 대단히 어렵다. 상황을 바로잡고 옳은 행동을 해야 한다는 우리의 욕구와 무슨 말을 해야 하고 하지 말아야 하는지에 대한 두려움 그리고 청소년을 잘 이해하고 있지 못하다는 두려움 때문에 어른들은 자주 청소년의 말을 주의 깊게 듣지 못한다.

- 우리가 청소년에게 무언가를 하게 하고, 믿게 하고, 선택하게 하고, 무언가에 가치를 부여하게 하려 들 때, 청소년은 하지 않기를 선택한다. 그럴 때마다 거기에는 저항이 있다.

- 청소년에게 저항은 주로 냉담한 태도, 어조, 자세, 어휘 선택, 표정 또는 논리적 주장을 듣고 싶어 하지 않는 행동 등으로 나타난다. 이런 신호들은 어른들에게 "나는 당신과 절대로 소통하지 않을 거예요"가 아니라, "나는 아직 소통할 준비가 되지 않았어요"라고 해석되어야 한다.

- 저항에는 지적 · 정서적 · 영적 · 신체적 저항이라는 네 가지 형태가 있다.

- 십 대 청소년에게 효과적으로 영향을 미치려면 그들을 우리가 있는 곳으로 초대할 것이 아니라, 그들이 있는 곳으로 우리가 가야 한다.

- 십 대들에게 다가가기 위해 해야 할 일에 초점을 맞추기보다 옳은 말을 해야 한다는 욕구에 사로잡힌 어른이 많다.
- 젊은이들의 말을 잘 들어 주는 어른은 이야기를 들어 줄 권한을 얻어야 한다. 우리가 들을 권한을 얻었을 때만 젊은이들에게 영향을 미칠 수 있다.
- 다른 사람들이 우리의 이야기나 경험을 이해해 줄 때, 우리도 그렇게 하는 데 도움이 된다.
- 누군가 내 이야기를 잘 들어 준다고 느끼면, 혼자라는 생각을 덜 하게 된다.
- 누군가가 오롯이 우리에게 집중할 때, 우리는 나 자신이 중요하고 보살핌을 받는다고 느낀다.
- 관심이라는 재능을 청소년들에게 투자할 때, 우리는 아주 독특한 방식으로 그들에게 다가갈 수 있는 기회라는 보상을 받는다.
- 오늘날 청소년의 대부분은 어른들을 경계한다.
- 주의를 기울이고, 정확하게 질문하고, 당신이 들은 것을 다시 말해 주면서 경청하는 일은, 그들이 세세하게 설명하지 못하더라도, 당신이 그들을 보살피고 있으며, 그들이 중요한 존재라는 사실을 청소년들에게 전달한다.

스스로에게 질문하기

1. 어렸을 때 내 이야기를 잘 들어 주었던 세 사람을 적어 보자.

2. 이 사람들의 주의 깊은 경청은 내가 중요한 존재이고 내 이야기가 잘 전달되었다고 느끼는 데 어떻게 도움이 되었는가?

3. 내가 주의 깊게 듣지 못했던 세 사람을 적어 보자.

4. 진심 어린 경청을 하지 못하게 막는 요소는 무엇인가?

5. 내가 어른이 된 뒤, 내 말을 가장 잘 들어 준 사람은 누구인가? 잘 듣는 사람은 어떤 자질을 갖추었나?

6. 5번 문항에서 말한 자질 가운데 하나를 선택해 보자. 당신의 삶에서 이야기를 잘 들어 주기를 바라는 사람과 상호작용하기 위해, 이런 자질을 어떻게 통합할 수 있을지 한 문장으로 행동 계획을 적어 보자.

영감을 북돋우는 기도

그분께서 말씀하셨다. "나와서 산 위, 주님 앞에 서라." 바로 그때에 주님께서 지나가시는데, 크고 강한 바람이 산을 할퀴고 주님 앞에 있는 바위를 부수었다. 그러나 주님께서는 바람 가운데에 계시지 않았다. 바람이 지나간 뒤에 지진이 일어났다. 그러나 주님께서는 지진 가운데에도 계시지 않았다. 지진이 지나간 뒤에 불이 일어났다. 그러나 주님께서는 불 속에도 계시지 않았다. 불이 지나간 뒤에 조용하고 부드러운 소리가 들려왔다. 엘리야는 그 소리를 듣고 겉옷 자락으로 얼굴을 가린 채, 동굴 어귀로 나와 섰다. 그러자 그에게 한 소리가 들려왔다. "엘리야야, 여기에서 무엇을 하고 있느냐?"

— 1열왕 19,11-13

예수께서 그 집에서 음식을 드시게 되었는데 마침 많은 세리들과 죄인들이 와서 예수와 그분 제자들과 함께 상을 받았다. 그런데 바리사이들이 보고 그분 제자들에게 "어찌하여 당신네 선생은 세리들과 죄인들과 어울려 음식을 먹습니까?" 하였다. 그분은 이 말을 들으시고 말씀하셨다. "의사는 건장한 사람들에게 필요한 것이 아니라 앓는 사람들에게 필요합니다. 여러분은 가서 '내가 원하는 것은 자비이지 제사가 아니다' 하신 말씀이 무슨 뜻인가를 배우시오. 사실 나는 의인들을 부르러 온 것이 아니라 죄인들을 부르러 왔습니다."

— 마태 9,10-13

우둔한 자는 슬기를 좋아하지 않고 제 생각을 내세우기만 좋아한다.

— 잠언 18,2

9. 보다 전문적인 도움 주기

고립되어 청소년과 활동하는 것은 당신이나 그들에게 위험하다. 신체적으로 위험하지는 않겠지만 그럴 가능성도 없지는 않다. 청소년들과 함께하는 활동은 개방되고 밝은 곳에서 이루어질 때, 청소년이나 우리가 도덕적·법적·정서적으로 정정당당할 수 있다.

청소년과 함께하는 것은 (그리고 부모로서 그들을 양육하는 일은) 정서적으로 힘든 일이다. 전문가든 자원봉사자든 부모든, 청소년을 돌보는 일을 혼자 한다면 버텨 낼 수 없을 것이다. 정서적인 지원이나 피드백, 창의적인 아이디어, 신선한 관점을 얻기 위해, 또 당신이 청소년과 활동하고 있다는 사실을 제외하고는, 당신이 미치지 않았다는 것을 스스로 상기하기 위해서도 다른 사람들이 필요하다.

우리의 역할 기억하기

나는 상처 입은 청소년들을 돕는 일을 늘 나의 소명이라 생각했다.

내 성장 스토리를 통해 눈치챘겠지만, 나에게는 공감이라는 깊은 샘이 있고, 내 소명은 거기에서 샘솟는 것 같다. 그러나 오랫동안 교사이자 사목자로 일하면서, 나는 훈련받거나 자격증이 있는 상담사가 아니라는 사실을 기억해야 했다. 그것은 나에게도 힘들었다. 나의 자격을 운운하는 일들이 있은 후 너무 힘들어서 나는 상담 분야에서 학위를 받기 위해 대학원에 등록했다. 그런 일들이 당시에는 무척 고통스러웠지만, 지금은 고맙게 생각한다. 그런 상황에서 내가 옳았던 것과 틀렸던 것들에 감사한다. 훈련받지 못한 내 능력 밖의 문제들에 대처하지 못한 것은 잘못이었다. 감사하게도 상처받은 아이는 없었다. 자살한 아이가 있거나, 그들에게 상담이 필요하다고 나는 생각하지 않았기 때문이다. 많은 청소년이 그들을 도우려는 사람에게 마음을 열 것이라는 면에서는 내가 옳았다. 그리고 나처럼 청소년을 도우려는 사람들은 늘 주의 깊게 경청하는 일에서부터 정신 건강 전문가에게 의뢰하는 일에 이르기까지 다양한 기술을 갖추어야 한다.

학부모, 교육자, 사목자는 특별한 상황에서 수행하는 일을 보강하는 데 도움이 되도록 사회과학에서 추가적인 도구가 필요하다. 여기서 핵심 단어는 '보강하다', '추가하다'이다.

상담이 성령의 선물인 한 우리는 모두 '상담사'이다. 그렇긴 하지만, 당신이 해 줄 수 있는 것보다 더 많은 도움이 필요한 청소년들이 있다. 어떤 청소년들은 훈련받고 자격증을 갖춘 숙련된 전문가의 전문적인 도움이 필요한 일로 어려움을 겪고 있다. 당신이 나 같은 사람이라면, 숙련된 전문가라는 말에 좀 속상할 수도 있겠다. 당신은 상담의 은사, 즉 청소년들과 좋은 관계를 형성하고 그들이 당신에게 마음을 잘 열게 하는 타고난 능력을 지니고 있음을 인식할지도 모른다. 내가 이 책 앞에서 말했던, 내가 하는 일의 90퍼센트는 경청이고, 당신 역시 타고난 경청자라고 생각한다고 나에게 상기시켜 주고 싶을지도 모르겠다. 당신이 그런 마음을 갖고 있다면, 나는 이렇게 말해 주고 싶다. "나도 그런 때가 있었다. 그리고 지금의 내가 있다. 지금의 나는 당신이 청소년들을 위해 하고 있는 일을 더 이상 할 수 없다. 그리고 솔직히 말해서, 당신은 훈련과 지도 그리고 수년간의 연습 없이, 내가 하고 있는 일을 해낼 수 없다." 마더 테레사는 "나는 당신이 할 수 있는 일을 할 수 없습니다. 당신은 내가 할 수 있는 것을 할 수 없습니다. 하지만 우리가 함께한다면 하느님 보시기에 좋은 어떤 일을 해낼 수 있습니다"라고 말했다.

아주 오랫동안, 종교와 사회과학은 서로에 대한 불신으로 각자의 장벽 안에서 작동해 왔다. 감사하게도 오늘날 이 장벽이 공동 협력이라는 이름으로 무너지고 있다. 그러나 아직 갈 길이 멀다. 한 가지는 확실하다. 우리가 보살피는 청소년들은 우리가 협력 정신으로 함께 일할 때 가장 큰 이익을 얻는다.

내 능력 밖의 일이라는 것을 어떻게 알까?

청소년에게 당신이 제공할 수 있는 것보다 더 많은 도움이 필요한 시점을 아는 것은, 청소년들뿐 아니라 당신 자신을 위해서도 중요하다.

솔직히, 이런 일은 시행착오를 겪을 것이다. 당신만의 특별한 기술과 청소년과 정기적으로 만나 상호작용하는 학교, 본당, 교구 또는 다른 여러 기관의 정책 안에서 당신이 취할 수 있는 방법을 찾아야 한다. 당신 자신의 직관, 그리고 당신이 편안하게 느끼고 당신을 지지하는 사람들의 조언이 특정 분야에서 당신보다 더 많은 정보를 알고 있는 사람들의 도움을 얻을 때인지를 결정하는 핵심 요소가 될 것이다. 전문가에게 맡길 때가 분명해지는 경우가 몇 가지 있다. 이 장 후반부에서 그러한 경우와 참조할 만한 사례에 대해 논의하겠다.

특수한 상황이나 문제를 나열하기 전에 몇 가지 지침을 제시하겠다.

해를 끼쳐서는 안 된다

이것은 사목자, 교사, 치료사 또는 의사를 막론하고 조력자에게 가장 중요한 윤리이자 지침이다. 돕고 싶어 하는 열망, 나의 기술, 훈련 및 전문 지식에 상관없이, 해를 끼칠 만한 행동을 하게 될 가능성을 막기 위해 내가 하고 있는 모든 활동의 잠재적인 이익을 따져 봐야 한다. 다음 내용을 스스로에게 질문해 보자.

- 나를 잘 이끌어 가도록, 나는 누구에게 연락하거나 상담할 수 있는가?
- 이 대화에 존재하는 위험은 무엇인가? 이것을 말하는 것일까, 아니면 말하지 않는 것일까?

- 이 청소년의 부모에게 알리지 않는다면 어떤 일이 일어날까?
- 내가 도움을 청하지 않는다면 이 상황은 얼마나 더 나빠질까?
- 내가 하는 일이 이 청소년에게 신체적으로, 정신적으로 그리고 정서적으로 완전히 안전하다고 얼마나 확신하는가?

전문가들도 스스로에게 똑같은 질문을 한다는 점을 아는 게 도움이 될 것이다. 나는 내담자들을 다른 치료사에게 종종 소개한다. 나는 다른 상담사들과 청소년 사목을 하고 있는 친구들과도 자주 의논한다. 당신도 그렇게 해야 한다.

다른 사람과 의논하기

이 책을 쓸 때 뉴욕 대교구에서 청소년 신앙 교육 이사직을 맡고 있던 친구 엘라 밀레프스카는 사목자들에게 늘 말한다. "상급자에게 말하는 것은 잃을 것은 없고 얻을 것만 있다." 그녀와 나는, 상황이 조금이라도 의심스러울 때는 직속 관리자(행정가, 사제, 부제, 종교교육기관의 이사 또는 교장)와 즉시 확인하고 상담할 것을 권한다. 당신이 부모라면 다른 부모, 자녀의 학교 상담사, 본당이나 교구의 청소년 담당 사제와 상담할 수도 있다. 이런 사람들은 당신에게 도움이 될 믿을 만한 전문 상담사를 알고 있을지 모른다. 다른 사람에게 손을 내미는 것은 정말 잃는 것은 없고 득이 될 일만 있다. 아무도, 특히 청소년들이 당신이 다른 전문가와 상담하고 있다는 것을 알 필요가 없고, 비밀 보장이 걱정된다면 내담자의 익명성을 지킬 수 있다.

비밀 보장의 한계

고해성사 외의 모든 대화에 대해, 얼마나 '비밀 유지'를 할 수 있고 또 해야 하는지에는 한계가 있다. 대부분의 상황에서, 교육자, 사목자 그리고 전문가들은 청소년들에게 이러한 한계가 무엇인지에 대해 알려 주는 시간을 마련한다. 최근에 한 친구가 내게 "비밀 보장이 네 두 손을 묶어 놓게 하지 마라!"라는 말을 상기시켜 주었다. 친구의 말은, 비밀 요구를 청소년이 했든 당신이 했든 상관없이, 당신이 유지할 수 없고 유지해서는 안 되는 비밀 보장까지 약속하지는 말라는 의미다. 법적으로 비밀 유지를 깨야 할 경우가 최소한 세 가지 있다.

1. 스스로를 위협하는 행위
2. 다른 사람을 위협하는 행위
3. 청소년이 신체적·성적·정서적 학대 같은 어떤 종류의 학대 경험을 할 경우

이에 더하여, 당신의 상황에 따라, 당신은 신고 의무자가 될 수도 있다. 법과 당신의 역할에 따라, 앞에서 말한 세 범주에 해당되는 상황이 벌어진다면, 당신은 청소년에 관해 알고 있는 정보를 지역 당국에 보고해야 할 법적 의무가 있다는 뜻이다. 대부분의 주에는 아동보호국이 있다. 당신이 누구에게 보고해야 할지 모르겠다면, 당신이 만날 수 있는 사제, 사목자 또는 지역의 법 집행부에 문의하는 게 좋다.

다른 전문가에게 맡겨야 할 경우

1. **자살에 대한 생각이나 자살 시도**. 청소년들이 자살을 생각하고 있다고 말한다면, 전문가의 관심, 최소한 의학 또는 심리학 전문가의 평가를 받아야 할 심각한 문제다. 당신이 사목자라면, 청소년의 부모에게 상황을 알려야 한다. 자녀에 관해 이런 소식을 듣는 것은 힘든 일이지만, 청소년 자녀에게 전문적인 도움이 필요하다는 사실을 부모에게 알리는 게 중요하다. 적어도, 의학적 또는 정신 건강 전문가의 진료를 통해 자녀가 정말로 위험에 처해 있다는 사실과, 그게 사실이라면 그 위험이 얼마나 심각한지를 확인할 수 있다. 전문가는 병원 치료를 받게 한다거나, 흉기나 위험한 약을 숨겨 두는 등 집에서 할 수 있는 안전장치들을 포함하여, 자녀를 어떻게 보호하는 게 최선인지 조언해 줄 것이다.

2. **자해나 자해 의도**. 5장에서 논의했듯이, 청소년이 여러 자해 행동(칼로 베거나, 불로 지지는 등)으로 자신에게 해를 끼친 적이 있다는 말을 한다면, 당신은 부모에게 알려서 자녀가 도움을 받을 수 있게 해야 한다. 이런 일은 부모의 관심이 필요한 일이다. 대부분의 경우 자해는 자살의 전조가 아니다. 하지만 자해는 도움을 청하는 간절한 외침이거나 청소년들이 자신의 상황을 해롭고 위험한 방식으로 대응하려는 표시일 수 있다.

3. **섭식 장애**. 섭식 장애는 다루기가 매우 어렵다. 우리는 섭식 장애를 겪고 있는 청소년들이 초기에 치료할수록 회복 가능성이 훨씬 크다는 걸 알고 있다. 청소년을 보살피는 사람으로서 어떤

청소년이 섭식 장애를 앓고 있다는 의심이 들면, 그와 식이 문제에 대해 이야기 나눠 보는 게 좋다. 그가 음식 섭취에 아무 문제가 없다고 부인하더라도, 부모에게 당신이 염려하고 있는 문제에 대해 알려야 한다. 부모로서 내 자녀의 음식 섭취가 정상이라 생각되지 않는다면, 자녀의 상태를 진단하고 치료를 이끌어 줄 상담사를 수소문해 만나 보기를 권한다.

4. **불안이나 우울**. 이 두 가지는 다른 사목 활동과 청소년이 겪는 다른 문제들과 마찬가지로, 그 증상이 경증·심각하지 않음에서 중증·매우 심각 상태를 왔다 갔다 한다. 따라서 청소년이 단순히 슬프거나 스트레스를 받은 건지 아니면 그 선을 넘어 불안과 우울로 발전한 것인지 구별하기 어려울 수 있다. 2주 이상 지속적으로 불안과 우울을 보인다면 선을 넘어 문제가 될 수 있음을 기억해야 한다. 전문가를 찾아 면담하거나 다른 사람에게 이야기하는 것 역시 주저해서는 안 된다. 이런 청소년들에게는 도움이 필요하고, 부모의 개입 없이 도움을 줄 수 없다.

5. **약물 남용**. 청소년들이 호기심으로 알코올이나 심지어 대마초 같은 물질을 한 번 접해 볼 수도 있다. '시험 삼아 해 보기'는 한 번이나 두 번 정도다. 두 번 이상이면 남용으로 여겨지고, 부모가 제재할 권한을 가진 문제가 된다. 이 문제는, 그런 상황이 일어나기 전에, 상급자에게 이 문제를 보고하고 관련된 직속 감독관에게 이 문제를 어떻게 처리하고 싶은지, 어떤 정책이 있는지 등을 미리 확인해야 한다. 약물 남용을 전공한 상급자나 정신 건

강 전문가가 많이 있다. 가까운 곳에 전문 상담사가 없다면, 정신 건강 전문가를 찾아 정확한 진단을 받으면 심각한 문제인지 이제 막 시작된 문제인지 알 수 있을 것이다.

6. **그 밖의 심각한 정신 건강 문제**. 청소년들이 어떤 목소리나 이상한 소리가 들린다거나(환청) 뭔가가 눈에 보인다거나(환각), 자신도 이해할 수 없는 이상한 행동을 한다는 말을 하면, 이것은 중증 불안이나 우울 또는 훨씬 더 심각한 정신 건강 문제의 증상일 수 있다. 다시 말하지만, 주저하지 말고 상급자의 도움이나 지시를 받아야 한다.

내 능력 밖의 일이다, 이제 어쩌지?

이제 추가적인 도움이 필요한 문제라는 것을 깨달았다면, 어떻게 해야 할까? 가능한 한 도움이 되도록, 역할을 나눠 이야기해 보겠다. 특정 상황에서 당신이 해야 할 조치는 청소년의 삶에서 당신이 어떤 역할을 하고 있느냐에 따라 달라지기 때문이다.

부모

어떤 사람이 당신에게 자녀 자체에 대해, 자녀가 지닌 걱정스러운 문제에 대해 이야기한다면 정말 고통스러울 것이다. 자녀를 보호하려는 기제가 작동할 때만큼 우리의 감정을 자극하는 것도 없기 때문이다. 부모로서 우리는 본능적으로 내 아이를 보호하려 든다. 우리 눈

앞에서 아이에게 뭔가 안 좋은 일이 일어나고 있다는 생각 자체가, 문자 그대로 우리를 미치게 한다. 거부, 방어, 비난 같은 몸에 깊이 밴 방어기제가 작동한다. 나 자신에게서도 이런 것을 자주 목격하는데, 이럴 때 나는 감정적인 한계를 벗어난 건 아닌지 아내에게 말해 달라고 해서, 나 자신이나 다른 사람들을 너무 가혹하게 대하지 않으려 한다. 다음은 이와 관련된 몇 가지 지침이다.

당신의 반응에 유의하기

자녀에 대해 어떤 말을 들을 때 당신의 감정 상태를 잘 알아차리는 것만으로도 감정을 조절하는 데 도움이 된다. 그런 상황에서 자녀에게 가장 필요한 것은 감정적으로 반응하는 부모가 아니다. 자녀는 당신이 현명하고 합리적이고 논리적인 결정을 내려 주기를 원하고, 그런 일은 당신이 침착하고 냉철해야 가능해진다. 완벽하게 그럴 수 없을 수도 있는데, 그렇다면 어떤 다른 조치를 취하기 전에 그 일을 처리하는 데 도움을 줄 수 있는 친구와 의논하는 것이 좋다. 마음을 가다듬기 위해 심호흡을 할 시간도 필요할 것이다.

알려 준 사람에게 고마워하기

아이를 돌보는 어른이나 다른 청소년이 당신 자녀에 대해 말할 때 대부분의 경우, 그 소식을 전하는 사람도 당신이 어떻게 반응할지 몰라서, 또 자신이 자녀에 대한 당신의 신뢰를 잃게 한 건 아닌지 염려하며 혼란스러워한다. 그들 역시 자신이 과민한 것은 아닌지 자문한다. 또한 당신에게 더 빨리 알렸어야 했던 건 아닌지, 당신이 아이와 함께 이 상황을 어떻게 대처할지 걱정한다. 자신이 말해서 문제를 더 크게 만드는 것은 아닌지 우려한다.

당신이나 당신 자녀에게 해를 끼치려고 자녀의 행동에 대해 알리는 사람은 거의 없다. 부모가 '원하는 것'은 정보다. 알려 준 사람에게 고마워하면 그런 일이 또 발생할 경우 다시 알려 줄 것이다. 당신은 당신이 알고 있는 것에 대해서만 행동할 수 있다는 점을 명심하자. 그 사람이나 집단은 당신이 행동할 수 있도록 정보를 주는 것뿐이다. 당신에게 말하기 위해 용기를 냈다는 것도 생각해야 한다. 당신이 몰랐다면 상황이 얼마나 더 악화되었을지 생각해 보라.

배우자나 당신과 가치를 공유하는 다른 부모와 상담하기

자녀와 이야기하기 전에 다른 사람과 먼저 이야기해 보는 것이 좋다. 사람마다 관점이 다르다. 내가 넓게 보기 위해 아무리 노력한다 하더라도, 그것은 그저 하나의 관점에 불과하다. 청소년들과 함께하려고 할 때는, 믿을 수 있는 친구나 가족 그리고 동료들의 다양한 관점이 당신이 다음의 조치를 취하는 데 큰 도움이 될 수 있다.

자녀와 이야기하기

상황에 따라 다르겠지만, 아이에 관한 이야기를 듣고 상담사나 사목자를 먼저 만나 자녀에게 어떻게 접근하는 것이 좋은지 의논할 수 있을 것이다. 어떤 조치를 취했는가와 무관하게, 앞으로 십 년 동안 기억될 것은 당신이 한 행동보다 당신이 상황 자체를 어떻게 대했는가가 될 것이다. (상처받은 사람이 도움을 줄 수 있다.) 두려운 마음이 든다면, 그런 마음을 자녀에게 말해야 한다. 당신이 진정될 때까지, 실망(자녀가 당신의 목소리와 얼굴 표정으로 이미 알고 있겠지만)과 분노의 마음을 내려놓자. 대개는 24시간 또는 하룻밤 자고 나면 '싸울지 도망칠지'의 태세에서 벗어나, 감정보다 이성에 따라 행동할 수 있게 된다. 당신이 자녀를 사랑하고 있다는 사실을 확인시켜 주어야 한다. 당신이 전해 들은 자녀의 행동은 — 그것이 얼마나 나쁘든, 나쁜 것처럼 보이든 상관없이 — 당신의 자녀와 아마도 당신과 모든 가족에게 도움이 필요하다는 명백한 신호라는 걸 알려 주어야 한다. 당신이 그런 도움을 받기 위해 최선을 다하고 있음을 아이에게 확인시켜 주자.

상담사, 소아과 의사 또는 다른 의학 및 심리 전문가와 상담하기
중증 불안, 우울, 자해, 자살 또는 다른 사람을 해치려는 의도와 같은 긴급한 상황에서, 상담사에게 전화를 하고 자녀와 이야기를 나누는 일은 신속하게 이루어져야 한다. 무엇이든 당신이 먼저 할 수 있는 일을 하자.

후속 조치
당신에게 자녀에 관해 말해 준 사람에게 아이가 안전하게 도움을 받고 있다는 소식을 전해 주어야 한다. 그들은 아이가 걱정되어서 알려 준 것이다. 그들 대부분은 자녀의 삶에 어떤 형태로든 관련되어 있으

니, 적절한 조치를 취하고 있다는 사실을 알려 주는 게 좋다.

교육자, 사목자 그리고 돌봐 주는 어른들

당신이 부모는 아니지만 걱정되는 십 대가 있다면, 어떤 상황인지 확인하고, 부모에게 부모가 자녀를 가장 잘 도울 수 있도록 전권을 주는 절차를 따라야 한다.

상황을 파악하기

어떤 청소년에 대해 걱정할 만한 점을 발견하거나 듣게 되면, 그 아이와 직접 대화를 시도해 보자. "요즘 네가 평소와는 좀 달라 보이던데, 무슨 일이라도 있니?"라는 말로 시작할 수 있다. 자신의 상황을 진심으로 염려한다는 생각이 들지 않으면, 그 아이는 "별일 없어요"라는 말로 끝낼 것이다. 그러면 당신은 다시 부드럽게 말할 수 있다. "그래, 정말 괜찮니? 최근에 네가 '무엇을'(저항을 불러일으키지 않도록 비난의 의도를 담지 않으면서 구체적인 행동을 언급한다) 하는 걸 봤거든. 난 네가 걱정되고, 도움을 주고 싶어." 다시 청소년이 "아니에요, 괜찮아요"라고 말해도, 당신의 직감이 그렇지 않다고 한다면, 이렇게 말할 수 있다. "알았어, 나중에 다시 이야기해 보자" 또는 "좋아, 여전히 확신할 수는 없지만, 나는 네가 걱정돼. 이야기하고 싶은 일이 있으면 나한테 와". 필요하다고 판단되면 그 청소년을 도울 수 있는 다른 사람을 소개해 줄 수도 있다.

상급자와 의논하기

학교에서는, 상담 교사나 심리 상담사 또는 양호 교사에게 도움을 청할 수 있다. 상담 교사는 그 청소년과 대화하기 위한 여러 방식을 알고 있다. 문제가 그렇게 심각하지 않고, 그 아이와 좋은 관계를 맺고 있는 다른 어른을 알고 있다면, 그에게 당신이 본 것을 알리고 도움을 요청할 수 있다. 그 아이는 자기가 알고 있는 다른 어른의 말에 더 귀를 기울일 수 있다.

부모에게 알리기

궁극적으로, 당신이 걱정하고 있는 상황이 중대하고, 앞에서 언급한 자신의 능력 밖의 일이라면, 청소년의 부모에게 알려야 한다. 상황에 따라 당신의 상급자가 부모에게 알리는 게 나을 수도 있다. 상급자가 그 청소년과 당신에게 가장 효과적이고 도움이 되는 방식이라고 판단하면, 당신이 그 상황을 직접 처리할 수도 있다.

후속 조치

이에 관해서는 더 이야기하겠지만, 당신이 그 청소년의 부모에게 알렸든 알리지 않았든, 그 아이와 계속 연락을 취하는 일은 당신이 정말 그 아이에게 관심을 갖고 있다는 것을 분명하게 전달하는 일이 된다. 청소년들은 어른들이 바쁘다는 것을 안다. 어른들은 정말 바쁘다. 따라서 당신이 따로 시간을 내어 아이가 괜찮은지 살핀다면 그들은 정말로 고마워한다. 청소년들이 날마다 나에게 그렇게 이야기하기 때문에 잘 안다. 열세 살 소년이 나에게 말했다. "JT 선생님은 정말로 저를 걱정해 주세요. 그분이 저를 따로 불러내 '요즘 어떻게 지내니?' 하고 묻는 이유를 알고 있어요. 정말 바쁜 분인데, 저를 위해 계속 시간을 내주세요. 정말 멋진 분이에요."

자녀에게 맞는 상담사를 찾는 방법

정신 건강 서비스를 위해 이용할 수 있는 다양한 직함과 이력을 가진 전문가 리스트와 여러 선택지가 있지만, 당신의 자녀에게 딱 맞을 것 같은 상담사를 발견하는 일은 고사하고, 상담사 찾기에 나서는 일조차 주눅이 들 수 있다. 내 자녀에게 도움이 되는 상담사를 찾아야 할 때, 활용할 수 있는 과정을 간단하게나마 소개한다.

재정 상황 확인하기

많은 사람에게 상담이나 정신과 치료 비용은 부담이 된다. 보험에 가입해 있다면, 그 보험이 정신 건강까지 포함되는지 확인해 보자. 된다면 무엇까지 포함하고, 포함하지 않는 것은 무엇인지 확인해야 한다. 그리고는 보험사와 연계된 전문가들을 찾아보는 것도 좋다. 여기에는 다양한 분야의 심리 치료를 담당하는 상담사, 사회복지사, 중독 치료사 그리고 정신과 의사가 포함된다. 몇몇 전문가는 중복 직함을 가지고 있다. 상담, 심리 치료 및 정신과 의사라는 직함을 가진 사람도 많다.

고용주에게 직원 지원 프로그램이 있는지 확인하기

복리 후생 정책 중 하나로 직원들에게 상담 프로그램을 제공하는 회사도 있다. 이 프로그램이 치료의 전 과정을 지원해 주지 않더라도 상담을 시작하거나 일정 정도를 지원해 줄 수 있다.

신앙 공동체

당신이 거주하는 지역의 성당, 교구 또는 다른 종교 기관이 정신 건강 서비스를 제공하는지 확인할 수 있다. 또는 그 기관에서 전문가를 추천받을 수도 있다. 학교 상담사들에게도 참조할 만한 전문 치료사 목록을 제공받을 수 있다.

인적 네트워킹

몇몇 전문가를 추려서 친구들이나 당신이 잘 알고 지내는 상담사와 공유하자. 그들에게 목록에 있는 사람 가운데 당신의 십 대 자녀에게 적합하다고 생각하는 사람을 추천해 달라고 부탁할 수 있다. 친구에게 부탁하기를 주저하는 사람이 많다. 자신이 상담사를 찾고 있다는 사실을 남들이 알게 되는 걸 원하지 않고, 십 대 자녀의 사생활을 존중하고 싶기 때문이다. 물론 이해할 수 있다. 그러니 믿을 만한 친구에게 당신을 위해 알아봐 줄 수 있는지 부탁하는 것이 좋다. "내 친구 중 하나가 십 대 청소년들과 잘 교류하는 상담사를 찾고 있거든"이라고 할 수도 있다.

프로필 확인하기

당신이 알아본 전문가들을 검색해 보는 것도 방법이다. 홈페이지에 이력과 전문 분야를 게재하는 전문가가 많다. 상담사 대부분은 분야를 가리지 않고 다양한 내담자들을 만나지만, 그들의 홈페이지에 실린 내용과 그들의 저서나 기사를 살펴봄으로써, 치료사에 대한 좋은 인상을 얻을 수 있다.

전화 걸기

전화를 하는 건 손해 볼 일이 없다. 당신이 찾아낸 전문가에게 전화를 걸어, 상담사와 짧게 대화를 청해 볼 수 있다. 통화가 이루어진다면, 그가 청소년 상담 경험이 있는지, 청소년과 만나는 일을 좋아하는지 등을 물어볼 수 있다. 대부분의 상담사는 당신에게 솔직하게 말해 줄 것이다. 그들이 청소년 상담을 하지 않는다면 그런 전문가를 연결해 줄 수 있는지 질문하자. 소개받은 사람에게 또 전화해 보고, 그와 직접 통화할 수 없다면, 직원이나 관리자가 당신 질문에 답해 줄 수 있을 것이다.

첫 번째 예약 활용하기

대부분의 상담사들은 먼저 청소년의 부모와 개인적으로 만나자고 요청할 것이다. 이 만남을 통해, 당신은 치료사의 성격과 자녀가 특정 치료사와 잘 맞을지 그렇지 않을지 알게 될 것이다. 무엇보다 치료사가 부모, 청소년과 잘 맞는 게 중요하다. 당신(부모)이 치료사를 좋아한다고 해서 자녀가 그 치료사와 잘 지낼 거라는 의미는 아니기 때문이다. 첫 상담 시간에 다음과 같은 질문을 할 수 있다.

- 언제 그리고 얼마나 자주 만날 수 있습니까?
- 비밀 유지는 어떻게 처리하십니까?
- 청소년과 비밀 유지에 관한 예외 상황이 있습니까?
- 상담 과정에서 우리(부모)는 어떻게 지원하는 것이 좋습니까?
- 상담의 빈도와 기간에 대해 언제 알려 줄 수 있습니까?
- 상담은 어떤 과정으로 진행되며, 상태의 호전이 언제쯤 이루어 질 거라고 예상하십니까?
- 상담 중에 치료사가 알아야 한다고 생각되는 상황이 생기면, 우리가 말해 주길 바랍니까? 어떻게 말씀드리는 게 좋겠습니까?

자녀에게 동의 구하기

이 일은 난감할 수 있다. 내가 만난 십 대 청소년 대부분이 상담실에 오고 싶어 하지 않는다. 그들은 생각한다. "음 … 글쎄요. 나의 가장 내밀한 생각이나 걱정, 말하기 곤란한 문제들을 완전히 낯선 사람에게 말한다는 건, 별로 …." 어떤 친구들은 이렇게 생각할 수도 있다. "아주 잘됐어. 부모님은 이제 한술 더 떠서 '내가 미쳤다, 전문가의 도움이 필요하다'라고 생각해. 난 완전히 형편없는 인간이야. 와우!" 정상적이며 예상되는 반응이다. 경험 많은 치료사는 당신의 십 대 자녀가 이렇게 생각하고 있다는 걸 잘 알고 있고, 그런 저항을 잘 받아들이며 대처할 수 있는 여러 방법을 알고 있다.

당신의 십 대 자녀에게 "그냥 한번 가 보자"라고 격려해 주어야 한다. "몇 번 해 보고 별로 얻는 게 없으면 그만두겠다고 말해도 돼. 괜찮지 않니?"라는 약속을 할 수도 있다. "네가 말하고 싶지 않은 내용까지 상담 선생님에게 말할 필요 없어. 네가 마음을 열면 열수록 얻는 게 많겠지만, 상담 선생님이 너한테 억지로 말하게 하지는 않을 거야"라고 말할 수도 있다. 이런 말로 청소년에게 한번 도전해 보라고 용기를 북돋울 수 있다.

상담은 하나의 과정이다

상담은 하나의 과정이다. 최고의 결과는 시간이 흐르면서 이루어진다. 어떤 상황에서 긴박하게 진행될 수도 있지만, 대부분의 경우, 상담은 긴급하고 생명을 위협할 정도의, 또는 심각하게 생활을 바꾸어 놓을 정도의 상황을 통해 진행되지는 않는다. 상담에서 진짜 작업은 표면 아래 숨겨진 분명하게 드러나지 않는 문제들을 다루는 것이다. 이 숨은 문제들이 당신과 자녀가 인식하고 있는 문제를 유발한다.

두어 차례 상담이 진행된 후, 이 상담이 잘 맞지 않는다고 판단할 수 있다. 그것은 드문 일도 아니고, 그래도 괜찮다. 그러면 다른 치료사를 만나 봐야 한다. 지금의 치료사에게 다른 치료사에게 위임해 달라고 요청할 수 있다. 청소년과 치료적 관계를 잘 맺는 데는 여러 요소가 필요하다. 당신과 자녀에게 상담사가 잘 맞지 않는다고 판단되면, 상담사에게 솔직하게 이야기하는 것을 두려워하지 말자.

교사, 사목자 그리고
청소년을 돕는 사람들을 위한 정보

부모가 아닌 교사, 사목자 그리고 청소년을 돕는 사람들이 청소년들을 돕기 위해서는 부모 중 한 명이나 부모 모두의 도움이 필요하다. 안타깝게도, 종종 부모에게 공이 넘겨질 때 상황이 복잡해질 수 있다는 사실을 나도 잘 알고 있다. 아이들이 상담실에 들어갈 수 있게 최상의 기회를 주는 것만으로 끝나지 않는다. 자녀가 상담실에 들어간다고 해서 안심할 수 없다. 부모가 이 과정에 적극적으로 참여하지 않으면 아이들이 필요한 도움을 받을 수 없다. .

다행히도, 넘어온 공을 성공적으로 처리할 가능성을 높이기 위해 당신이 할 수 있는 일이 몇 가지 있다.

청소년들과 효과적으로 협력하는 엄선한 상담사 목록 만들기

"자녀를 위한 상담사를 찾는 방법"은 앞서 언급한 내용을 참조하기 바란다. 이에 더하여, 교구, 본당 또는 기타 종교 단체에 청소년들과 잘 어울리는 상담사 목록이 있는지 확인할 수 있다. 신앙에 기반을 둔 상담사가 중요하다면(일부에게는 중요하다) 가톨릭, 개신교 그리고 신앙을 밝히지 않았거나 불분명한 상담사 목록이 있으므로, 정보를 요청할 때 선택 사항을 제시할 수 있다. 당신이 자주 추천해야 하는 입장이라면, 다음 항목에 따라 목록을 더 정교하게 만들 수 있다.

- 상담료
  - 보험이나 의료 지원 여부 확인하기
  - 회당 상담료 지불 능력에 따라, 상담료를 할인해 줄 수 있는 지, '할인 정도'를 조정할 수 있는지 확인하기

- 상담 계획
  - 치료사가 부모와 먼저 만나고(나는 주로 이렇게 하는데), 청소년 과는 다음 시간에 만나는가?
  - 치료사가 처음에 부모와 청소년을 함께 만나는 것을 선호하는가?
  - 상담사가 상담 기간을 어떻게 계획하는가?
  - 상담받을 날짜 사이에 또는 상담을 하고 몇 시간 뒤, 다시 만나야 할 필요가 있을 때, 상담사는 이 과정을 어떻게 처리하고 싶어 하는가? 상담이 없는 날 전화나 문자를 해도 되는가? (상담사마다 처리하는 방법이 다르다. 청소년을 만나는 많은 상담사는 자신의 개인 생활을 유지하려는 경계를 지키면서도 상담 날짜를 변경해야 할 가능성에 대해 관대하다. 상담 시간 이외의 전화 통화나 문자, 방문 등에 대해 비용이 있는지도 확인하자.)

- 전문 상담 분야
  - 치료사의 전문 분야나 선호하는 분야에 대해 알아보기. 상

담사가 "저는 청소년도 만나지만 어른들을 만나는 걸 선호합니다"라고 말하는 걸 들어 본 적이 있을 것이다. 이런 점을 메모해 두었다가, 그 사람을 추천하기로 결정한 경우, 부모에게 상담사의 이런 성향을 알려 줘야 한다.

- 치료사가 주로 맡는 내담자 연령 확인하기. 예컨대, 나는 사춘기 후반기(14~25세) 청소년 전문이다. 나는 14세 이하의 청소년은 만나지 않는다.

- 치료사가 사용하는 접근법은 무엇인가? 연극 치료, 예술 치료, 승마 치료 또는 음악 치료 등이 있을 것이다. 전통적인 면담 치료와 더불어 이런 대안적인 치료법을 모든 연령의 사람들에게 적용할 수 있다. 내 경험상, 비전통적인 기법에 참여하는 데 얼마나 마음을 여는지는 각 청소년의 성격과 나이에 달려 있다. 그렇다고 해서 당신이 그런 접근법을 시도하지 않거나 십 대들이 참여하도록 격려하지 말아야 한다는 의미는 아니다. 말수가 적은 청소년에게는, 언어적인 장치가 아니라 다른 장치를 활용하는 이런 접근법이 도움이 되거나 더 효과적일 수도, 필요할 수도 있다.

- 치료사가 강박 장애, 불안, 우울 그리고 트라우마 같은 특정 분야에 전문성이 있는가? 치료사가 이런 문제들을 다루는 데 요구되는 발전된 치료 기술에 대한 특별한 훈련을 받았는가?

- 상담 경험
  - 상담사 개인이 얼마나 오랫동안 청소년과 함께 상담하거나 활동해 왔는가? 특히 복잡한 경우에는, 그게 실용적이라면, 경험이 더 풍부한 치료사에게 의뢰하는 것이 좋다.
  - 치료사가 공인된 자격증이나 학술적 증명서를 갖고 있는가? 어느 기관에서 받은 것인가?
  - 치료사가 어떤 기관 또는 병원에서 일했는가?

청소년을 상담하는 일에는 곳곳에 지뢰가 묻혀 있다. 주의를 기울이고, 의지가 있고, 경험이 풍부한 치료사 그리고 그러한 치료사와 내담자 사이에 좋은 인격적 관계가 형성되어야 안전하고 신속하게 지뢰를 피해 갈 수 있다.

명함이나 디지털 연락처 정보 모으기

온라인상에서 직접 찾을 필요 없이 이런 정보를 받을 수 있게 된다면, 부모들이 상담사에게 전화를 걸 가능성이 훨씬 높다. 검색은 간단한 일이긴 하지만, 충격을 받아 이미 잔뜩 위축되어 있을 부모에게 온라인 검색은 또 넘어야 할 단계다.

"더 도울 수 있는 일이 없을까?"라고 질문하기

부모들은 자녀에 대해 걱정스러운 소식을 들으면, 충격에 빠지고 당황해서 어쩔 줄 모른다. 당신에게 도움을 청하는 일도 그들에게는 마음 편한 일이 아닐 수 있다. 따라서 더 도와줄 일이 없느냐고 물어봄으로써, 당신은 부모들이 더 많은 도움을 받아들이는 게 안전하다는 사실과 청소년을 돕는 데는 많은 사람의 행동이 필요하다는 사실을 암시할 수 있다.

희망을 품기, 진지하게 대하기, 행동하기

당신은 부모들에게 말할 수 있다. "그래요, 이건 심각한 일입니다. 하지만 이제 우리는 그 일에 대해 알고 있습니다. 우리가 알고 있다는 사실이 아이가 원하고 또 필요로 하는 도움을 받게 해 줄 겁니다."

후속 조치: 어느 정도로?
얼마나 자주 해야 할까?

나는 적어도 한 번은 부모에게 후속 조치를 취하는 것이 중요하다고 제안한다. 두 번 만나면 정말 좋고, 세 번에서 다섯 번은 아주 이상적이다. 이렇게 추천하지만, 청소년을 돌보는 어른들도 각자의 생활이 있으니, 시간과 다른 제약 사항을 고려하여 정하는 게 좋겠다. 물론 당신이 후속 조치로 자유롭게 부모를 만날 수 있다. 다만 당신이 하는 후속 조치가 그 자체로 문제가 되지 않도록 유의하자.

청소년에게 후속 조치를 많이 하기는 힘들다. 청소년에 대한 후속 조치는, 보다 공식적인 후속 조치와 균형을 맞추고, 다른 사람들을 통해 확인하고, 당신이 확인할 수 있는 학교나 청소년들이 모이는 어떤 다른 상황 속에서 그들이 어떻게 지내는지 지켜보는 것이 고려되어야 한다. "안녕! 그냥 네가 어떻게 지내는지 알고 싶었을 뿐이야"라는 질문으로 후속 조치를 취할 수 있다. 그러면 청소년들은 대체로 "저는 괜찮아요"라고 말할 것이고, 당신이 후속 조치를 취했으니 보살핌을 받고 있다고 느낄 것이다. (적절한 상황에서) 공식적인 일대일 후속 조치를 위해 시간을 내는 것은, 청소년이 상황이 나아지고 있는지, 나빠지고 있는지, 머물러 있는지에 대해 알릴 수 있는 기회를 준다는 면에서 아주 소중하다.

궁극적으로, 청소년과 함께하는 사람은 나 혼자가 아니며, 그래서도 안 된다. 우리의 신앙 전통은 늘 서로를 돌보는 공동체를 강조하고, 공동체에 기반을 두고 있다. 오늘날 가상 세계가 점점 더 늘어가는 상황 속에서, 물리적·지리적으로 심지어 신앙 공동체 속에서 현존하는 일은 더 힘들어졌다. 그렇지만 그런 가상 세계가 우리에게 더 좋다는 의미는 아니다. 청소년들을 행복하고 거룩하고 건강한 성인으로 키우기 위해 마을 하나가 필요하다는 사실은 지금까지 그러했고, 지금도 그렇고, 앞으로도 그럴 것이다. 오늘날 마을을 재창조하는 일에는 기본적으로 문화적 축복을 받았던 앞 세대들보다 훨씬 많은 작업이 요청된다. 우리는 오로지 우리가 돌보는 청소년들을 위해, 우리의 시대와 지역에 맞는 마을을 만들기 위해 노력해야 한다. 신앙인으로서, 우리는 가톨릭 신앙과 오늘날 더 다양해진 문화가 제공하는 공동체에 의지하고 그런 공동체를 활용해야 한다.

핵심 내용

- 개방되고 밝은 곳에서 청소년을 만날 때, 그들이나 우리 모두 도덕적 · 법적 · 정서적으로 정정당당할 수 있다.
- 청소년을 보살피려는 사람들은 경청하는 일에서부터 정신 건강 전문가에게 위임하는 일에 이르기까지, 청소년을 사목적으로 보살피는 데 도움이 되는 여러 기술을 잘 갖추고 있어야 한다.
- 학부모, 교육자, 사목자는 특별한 상황에서 수행하는 일을 보강하는 데 도움이 되도록 사회과학에서 추가적인 기술을 배워야 한다.
- 청소년에게뿐 아니라 당신 자신을 돌보기 위해서도, 청소년에게 당신이 제공할 수 있는 것보다 더 많은 도움이 필요한 시점을 아는 것은 정말 중요하다.
- 크게 염려스러운 상황이 아니더라도, 주기적으로 직속 상급자(행정가, 기관장, 사목자, 다른 전문가 누구든지)와 만나 면담하면서 다른 사람의 도움을 구하는 일은 매우 중요하다.
- 비밀 유지는 청소년이 자기 자신이나 다른 사람에게 위협적인 태도를 취할 때, 또 신체적 · 성적 · 정서적 학대를 당했을 때는 철회되어야 한다. 자해, 자살이나 자살 시도에 대한 언급, 섭식

장애 역시 비밀 유지를 깨야 하는 긴급한 상황이 될 수 있다.

- 심각한 약물 남용 또는 심각한 정신적 문제는 의학 전문가의 도움을 구해야 하는 근거가 된다.

- 특정 상황에서 당신이 해야 할 일은 당신이 그 청소년의 삶에서 어떤 역할을 하고 있느냐에 달려 있다.

- 당신이 부모일 경우, 혼자 감당할 수 없는 상황에 처했을 때, 자신이 지금 어떻게 반응하고 있는지 인식하면서, 유익한 정보를 제공해 준 사람에게 감사하고, 배우자와 의논하고, 자녀와 이야기 나누는 일은 가장 좋은 연습이 된다.

- 당신의 자녀가 정신 건강 전문가의 도움이 필요한지 판단하는 데 도움이 되는 많은 자원이 있다. 온라인 검색부터 시작해서, 당신이 믿을 수 있는 다른 부모들과 이야기 나누거나, 학교나 본당에 소속되어 있는 상담사를 만나 면담할 수도 있다.

- 청소년에게 상담사를 만나게 하는 일은 힘들지만, 상담을 받는 일은 심리적·신체적·정신적 안녕에 이로운 점이 많으므로, 시간과 에너지를 투자할 가치가 있다.

- 심각한 정신 건강 문제로 고통받고 있는 청소년이 재정적인 이유로 도움을 받지 못하는 일이 있어서는 안 된다. 도움이 필요한 청소년이 양질의 정신 건강 관리를 받을 수 있는 여러 자원이 있다. 도움을 받을 수 있는 방법을 찾을 때까지 계속 시도하자.

스스로에게 질문하기

1. 치료나 상담이 나 자신의 생활에, 또는 내가 아는 다른 사람의 생활에 영향을 준 적이 있는가? 어떤 식으로 영향을 주었는가?
2. 내가 청소년이던 때에 정신 건강 전문가의 도움이 긍정적으로 영향을 주었다면 어떤 방식이었는가?
3. 청소년과 만나 활동하면서, 당신이 그의 문제를 다루기에 역부족이라고 느꼈던 때를 기억해 보자. 그 청소년에게 필요한 도움을 주기 위해, 내가 보완해야 할 점은 무엇이라고 생각되는가?

영감을 북돋우는 기도

여기에 더 무어라고 말해야겠습니까? 하느님이 우리 편이시라면 누가 우리를 거스르겠습니까? 그분은 당신의 친아드님마저 아끼지 않으시고 오히려 우리 모두를 위해 그분을 넘겨주셨는데 어찌 그 아드님과 더불어 또한 모든 것을 우리에게 은혜로 베풀어 주시지 않겠습니까? 누가 감히 이 하느님께 선택받은 이들을 고발하겠습니까? 의롭게 하시는 분이 바로 하느님이신데 말입니다. 단죄할 자가 누구입니까? 죽으시고 더구나 부활하시어 하느님의 오른편에 계시며 우리를 위해 대신 기도하시는 분이 바로 그리스도 예수이신데 말입니다. 누가 우리를 그리스도의 사랑에서 갈라놓겠습니까? 환난입니까? 궁핍입니까? 핍박입니까? 굶주림입니까? 헐벗음입니까? 위험입니까? 아니면 칼입니까? … 그러나 우리는 이 모든 일에서, 우리를 사랑하시는 분에 힘입어 이기고도 남습니다. 사실 나는 이렇게 확신하고 있습니다. 죽음이나 생명도, 천사들이나 주천사들도, 현재 일이나 장래 일도, 능천사들이나 높이나 깊이도, 다른 어떠한 피조물도 우리 주 예수 그리스도 안에 있는 하느님의 이 사랑에서 우리를 갈라 놓을 수 없을 것입니다.

— 로마 8,31-35.37-39

여러분은 세상에서 환난을 겪겠지만 힘을 내시오. 내가 세상을 이겼습니다.

— 요한 16,33

무슨 일이든지 경쟁심이나 허영으로 하지 말고 겸손한 마음으로 서로 남을 자기보다 낫게 여기시오. 각자 자기 일만을 돌보지 말고 서로 남의 일도 돌보아 주시오.

— 필리 2,3-4

사랑은 너그럽습니다. 사랑은 친절합니다. [사랑은] 시기하지 아니하고 허세를 부리지 않으며 교만하지 않습니다. 사랑은 무례하지 않으며 자기 이익을 찾지 않습니다. 사랑은 분통을 터뜨리지 않고 억울한 일을 따지지 않습니다. 불의를 기뻐하지 않고 진리를 기뻐합니다. 모든 것을 덮어 주고 모든 것을 믿으며 모든 것을 바라고 모든 것을 견딥니다.

— 1코린 13,4-7

10. 착한 사마리아인의 소명에 귀 기울이기

루카복음에서 우리는 착한 사마리아인 이야기를 만난다.

예수께서는 그 말을 받아 말씀하셨다. "어떤 사람이 예루살렘에서 예리코로 내려가다가 강도들을 만났습니다. 그들은 그의 옷을 벗기고 매질하여 반쯤 죽여 놓고 물러갔습니다. 그런데 마침 어떤 제관이 그 길로 내려가다가 그를 보고도 피해 지나갔습니다. 또 그와 같이 한 레위 사람도 그곳에 이르러 그를 보고는 피해 지나갔습니다. 그러나 어떤 사마리아 사람은 길을 가던 중 그에게 와서 보고는 측은히 여겨, 다가가서 기름과 포도주를 부어 그의 상처를 싸매 주었습니다. 그러고는 그 사람을 제 짐승에 태워 여인숙으로 데리고 가서 돌보아 주었습니다. 다음 날 그는 두 데나리온을 꺼내 여인숙 주인에게 주면서 '저 사람을 돌보아 주시오. 비용이 더 들면 내가 돌아올 때에 당신에게 갚아 드리겠소' 하고 말했습니다. 당신은 이 세 사람 가운데서 누가 강도 맞

은 사람의 이웃이 되어 주었다고 생각합니까?" 그러자 그는 "그
에게 자비를 베푼 사람입니다" 하였다. 이에 예수께서는 그에게
"가서 당신도 그렇게 행하시오" 하고 말씀하셨다.

— 루카 10,30-37

우리는 이 이야기에서 힘겨운 시기를 보내고 있는 청소년과 함께하
는 일에 대한 아름다운 모범을 발견한다. 길에서 우연히 마주친 청소
년들은 우리가 아는 아이일 수도 모르는 아이일 수도 있다. 솔직히
그 아이를 좋아하지 않을 수도 있다. 대부분의 부모는 어떤 지점에서
마음속으로 이렇게 생각하거나 실제로 말할 수 있다. "나는 너를 사
랑한다만, 지금의 너를 좋아하지 않는다는 거다." 그러나 기꺼이 하
고자 한다면, 마음을 열고 바라본다면, 착한 사마리아인이 한 것처럼
오늘날 청소년들의 점점 더 복잡해지는 필요에 대응할 수 있다.

관찰하기

먼저, 사마리아인은 얻어맞고 강도당하고 옷까지 빼앗긴 채 길거리
에 버려진 남자를 살피기 위해 가던 걸음을 멈춘다. 다른 사람들은
멈추기는커녕 도움이 필요한 그 남자를 외면한다. 이 책 1부에서 우
리는 학습의 중요성, 즉 오늘날의 청소년을 이해하고, 그들이 직면하
고 있는 압박감은 무엇인지, 그런 압박감과 스트레스 요인에 대해 어
떻게 건강하게 또는 건강하지 못하게 대처하고 있는지 탐색했다.

이것은 사소한 작업이 아니다. 우리가 관찰하는 것은 우리가 무엇을 중요하게 여기는지를 반영한다. 과학은 예수님이 복음서에서 말씀하신 내용을 증명한다. "찾으시오, 얻을 것입니다"(마태 7,7; 루카 11,9). 우리가 찾는 것을 발견하게 된다는 것을 우리는 과학으로 증명할 수 있다. 우리 뇌의 기저에는 '망상 활성계'라는 기관이 있다. 뇌의 이 부분은 무엇이 우리에게 중요한지를 '강조하여' 의식적으로 자각하게 한다. 예컨대, 당신이 자동차를 사려고 한다면, 생활하면서 자주 눈에 띄었던 모델이나 형태를 찾을 것이다. 아마 속으로 '요즘에는 사람들이 픽업트럭을 많이 모는 것 같아'라고 생각했을 수도 있다. 그런데 당신이 예전에 그것이 필요하다고 생각했던 때보다 실제로 거리에는 픽업트럭이 많이 보이지 않는 것 같다. 그러면 지금 당신이 차를 하나 원한다는 단순한 사실은 당신의 뇌에 다른 제품과 모델을 강조한다. 당신이 선택한 물건을 수정하고, 선택지를 제한하기 시작하면, 당신의 뇌는 최적의 결과를 따른다.

이런 일은 우리 일상의 모든 분야에서 일어난다. 당신이 상처받고 고통스러워하고 있는 청소년을 볼 때, 어떤 차원에서 그것이 당신에게 중요하기 때문에, 당신의 뇌는 당신이 그들의 곤경을 더 자주 발견하도록 자극한다. 그것은 은총, 즉 하느님에게서 오는 참된 선물이다. 이에 대해서 '본당신부의 수호성인'인 요한 마리아 비안네는 "주님, 가난한 이들을 우리에게 데려다주시어, 우리가 밖으로 나가 그들을 찾아다닐 필요가 없게 해 주셔서 감사합니다"라고 말했다.

당연히 가난한 이가 물질적으로 가난한 사람만 말하는 건 아니다. 많은 사례에서, 청소년들은 물질적으로 빈곤하지 않을 수도 있다. 그러나 오늘날 많은 청소년과 그 가족에게는 정서적·정신적 빈곤이라는 전염병이 돌고 있다. 당신이 그들을 보지는 못했지만 청소년들을 돌보려는 마음이 있다면, 그것을 발견하는 은총을 청하는 기도를 바치길 권한다. 당신은 어떤 기도를 바칠지 준비가 되어 있다. 예수님께서 "찾으시오, 얻을 것입니다"라고 말씀하셨다.

당신이 잘 발견하기 위해 이 책 4장부터 6장까지의 내용을 다시 읽어 보는 것이 도움이 될 것이다. 자주, 그러니까 일 년에 두 번 이상, 나는 여러 유형의 경고 신호들과 위험 요소들 그리고 또 다른 증상들을 복습하는데, 청소년들에게서 그런 문제가 나타날 때 더 민감하게 인식하기 위해서다. 마크 트웨인은 "학교가 교육을 방해하지 않도록 하십시오"라고 말했다. 마크 트웨인이 말하고자 하는 바는, '교육은, 어떤 이는 우리의 가장 중요한 교육이라고도 하는데, 정식 학교교육이 끝난 뒤에도 평생 지속된다'는 것이다. 내가 대학원에서 공식적으로 받은 훈련만큼, 나의 가장 소중한 기술들은 청소년들을 가르치고 사목하면서 배운 것이라고 감히 주장하고 싶다.

이 책을 읽는 것만으로도 이제 당신의 관찰하는 능력은 배가되었을 것이다. 당신이 주의를 기울이면, 당신이 전에 상상했던 것보다 훨씬 더 많은 것을 알아채기 시작할 것이다.

돌보기

당신은 다시 생각할지 모른다. "로이, 그 사람이 진심으로 돌보고 있겠죠!" 여러 가지 이유로 상처 입은 청소년을 볼 수 있지만, 착한 사마리아인과는 달리, 연민을 느끼지 않는 사람도 많다는 사실을 알면 놀랄 것이다. 당신이 연민의 마음이 든다면, 그런 은총을 받은 것에 하느님께 감사하라! 마더 테레사는 "주님, 당신의 마음을 찢어 놓은 그 일들로 제 마음도 찢어 주소서"라고 열렬히 기도했다.

이 책을 읽고 있다면 당신은 이미 돌보는 사람일 것이다. 청소년을 돌본다는 것은 아주 까다로운 일이다. 우리는 자신을 돌보는 것을 소홀히 할 정도로 그들을 돌보기도 한다. 성경의 비유는 착한 사마리아인이 자기 자신은 어떻게 돌보았는지에 대해서는 구체적으로 알려 주지 않는다. 하지만 주변에 모여든 군중에게 '연민의 마음'을 품으신 예수님에게서 많은 것을 배울 수 있다. 빡빡한 일정 속에서도 예수님은 정기적으로 침묵과 고독을 찾으셨다. 우리 역시 그래야 한다. 돌봄은 은총이지만, 우리 자신, 가족, 친구, 동료 그리고 청소년들을 잘 보살피기 위해 자신의 정신과 마음, 몸과 영혼을 보살필 책임이 있다는 사실을 예수님은 잘 아셨다. 정신과 마음, 몸과 영혼 가운데 어느 하나라도 잘 보살피지 못한 채 오래 방치하면 소진 증후군(Burnout)에 빠질 수 있다. 청소년들과 함께하는 일은 정말 힘겹다. 청소년들은 처음에 열정에 불타 반짝 성공을 거두고는 자신을 돌보지 않아서 금방 손 떼 버리는 사람을 원하지 않는다. 당신이 자신을 살피지 못하고 지쳐 버린다면, 청소년들에게 봉사할 수도 없고, 의미 있는 방식으로 교회에 봉사하지도 못한다.

소진증후군을 막기 위해 사목자들과 도우미들에게 도움이 될 만한 책을 소개하면, 로버트 J. 웍스의 『힘든 시간을 이겨 내는 10가지 방법』과 마이크 패틴의 『이것은 브로셔에는 들어 있지 않다』*This Wasn't in the Brochure*를 추천한다.

소진증후군의 최종 결과는 상처 입은 사람을 도우려 애쓰는 사람이 상처 입는 것이다. 결국 (자신에게 필요한 도움을 받지 않으려는) 상처 입은 사람은 다른 사람을 돕기는커녕 해를 입힐 수 있다. 청소년들에게는 더 나은 것이 필요하고 마땅히 그래야 한다. 당신도 마찬가지다. 당신이 지쳤다면, 다른 사람을 보살피는 일을 멈추어야 한다. 그렇지 않으면 당신이 돕고 싶어 하던 바로 그 사람들에 대한 원망이 커질 수 있다.

책임 있게 대응하기

사마리아인은 행동한다. 그는 무언가를 한다. 그는 마음속으로 "의사도 아닌 내가 뭘 할 수 있을까?"라고 생각했을 수도 있다. 하지만 그는 지금 가진 것으로 자신이 할 수 있는 일을 했다. 사마리아인은 강도 당해 상처 입은 사람이 제대로 된 치료를 받을 수 있는 장소로 옮겨지기 전에, 기름, 포도주, 붕대 같은 간단한 도구만으로도 그를 안정시킬 수 있었다.

아무 일도 하지 않는 것은 아주 쉽다. 어떤 재능이든 도구든 당장 활용할 수 있는 것으로 살피고, 돌보고, 책임을 지고, 기꺼이 대응하는 일에는 큰 용기가 필요하다. 어떤 청소년에게 필요한 몇 가지 일, 또는 그의 모든 욕구를 충족시키기에 충분치 않다는 사실을 알면서도, 우리가 할 수 있는 것을 제공하는 일에는 대단한 겸손이 필요하다. 진심 어린 연민, 즉 공감과는 약간 다른 자비로운 연민을 경험하려면 큰 힘과 내적 결의가 필요하다. 2장에서 살펴보았듯이, 공감은 당신이 다른 사람이 느끼는 것을 느낄 수 있는 능력 또는 그것과 유사한 감정을 느끼는 것을 의미한다. 우리가 그 상황에서 어떻게 느꼈는지 알기 때문에 또는 비슷한 경험을 했을 때 어떻게 느꼈을지 상상할 수 있기 때문에, 공감할 수 있는 큰 샘이 있다는 것은 멋진 일이다.

그러나 연민은 공감이 있든 없든 일어날 수 있다. 연민에 마음이 움직이면 말할 수 있다. "그게 어떤 것인지 생각할 수도 없고, 나 같으면 어떨지 상상조차 할 수 없다. 그러나 돕고 싶다."

'연민'(compassion)이라는 단어는 문자 그대로 '함께 고통받는다'를 의미한다. 이 말은 청소년들에게 봉사하려는 우리 같은 사람들에게 아주 중요하다. 함께 고통을 짊어지고, 옆에 있어 주고, 참을성 있게 기다리고, 함께 걷고, 이야기 나누는 것 등 청소년들과 함께하는 일에는 여러 경우가 있다. 어떤 때는 분명하게 달라지는 것이 없고 전혀 도움이 되지 않는 것처럼 보일 수도 있다. 이것이 진정한 연민이다. 내 안의 모든 것이 이런 상황을 고치고, 더 낫게, 다르게 만들고 싶지만 그럴 수 없어서 내가 다른 사람과 진심으로 함께 고통스러워하기 때문이다. 내가 할 수 있는 일이란 그저 그 사람과 동행하여, 그와 함께 예수님께 걸어가는 것이다. 오로지 예수님만이 필요한 치유를 마련해 주실 수 있다.

위임하는 법 배우기

우리가 우리 자녀나 다른 사람의 자녀를 돌보고, 그들을 양육하거나 그들과 함께 활동할 때, 다른 사람도 함께하는 것을 허용하기 어려울 수 있다. 다른 사람에게 맡긴다고 당신이 청소년에게서 손을 떼는 게 아니다. 오히려 다른 기술, 훈련 또는 통찰력을 지닌 다른 사람을 환영하여 마을에 들어오게 하는 것이다. 착한 사마리아인이 마을을 확장시키고, 효과적으로 위임하기 위해 한 필수적인 행동 세 가지를 주목해 보자.

첫째, 사마리아인은 엉망진창의 상황 속으로 뛰어들었다. 종종 우리는 아무 일도 하지 않는다. 우리가 보고 있는 상황이 얼마나 엉망진창이고 복잡하고 복합적일지 가늠하기 두렵기 때문이다. 사마리아인에게도 그랬듯이, 확실히 상황은 엉망이다. 강도 당한 유다인은 사마리아인의 얼굴에 침을 뱉을 수도 있었지만, 그렇게 하지 않았다. 청소년과 그 가족들이 우리의 도움을 받으려 하지 않을 때도 있을 것이다. 부모가 자기 자녀에게 일어나고 있는 일에 대해 우리를 비난할 수도 있다. 그러나 훨씬 더 많은 경우, 우리는 그들의 삶에 근본적인 영향을 미칠 수 있고, 그들과 함께하는 우리의 여정이 다 끝난 후에도 그들과 함께하시는 예수님에게로 그들을 인도할 기회를 갖게 될 것이다.

둘째, 사마리아인은 자신의 한계를 알고 있었다. 그는 자신이 할 수 있는 일과 할 수 없는 일을 알고, 자신이 할 수 없는 것을 하려고 하지 않았다.

셋째, 사마리아인은 자신이 가진 것으로 자신이 할 수 있는 일을 했다. 당신이 배운 것과 기술, 통찰력 그리고 타고난 재능으로 무엇을 할 수 있을까? 이제 당신은 경청, 대화 그리고 위임하기에 관한 기술을 배웠고, 젊은이들에게 봉사하는 아주 작은 집단에 합류하게 되었다. 잘 듣기, 좋은 질문하기, 가톨릭 신앙의 도구 사용하기, 언제 어떤 방식으로 청소년들을 전문가에게 맡겨야 하는지 아는 기술은 당신이 생각하는 것보다 훨씬 많은 사람에게 도움이 될 것이다. 상투적으로 들릴지 모르지만, 우리가 그들의 삶에 영향을 미치고 심지어 생명을 구하려 노력하는 청소년들이 우리에게 제대로 된 고마움을 표현하지 않을 수 있다는 점을 아는 게 중요하다. 고마움을 몰라서가 아니라, 그들의 삶이 너무 급격하게 변하기 때문이다. 당신에게 고맙다고 말하고, 편지를 쓰고 또는 다른 방식으로 고마움을 표현하는 청소년이 있다면, 당신에게 표현하지 않지만 똑같이 느끼고 있는 청소년 스물다섯 명이 있다고 생각해도 좋다. 당신이 건강하면서도 상처를 입기도 하고 긍정적으로 의사소통하는 본보기가 되어 준다면, 청소년들은 당신에게서 많은 것을 배우고, 앞으로 생활하면서 당신에게나 다른 사람들에게 관심과 감사를 표현할 수 있게 될 것이다. 그런 일이 일어날 때, 어른과 십 대 청소년 둘 다에게 두려움을 불러일으키던 간극은 좁혀지기 시작할 것이다.

자신의 여정을 계속하기

사마리아인은 유다인을 떠맡지도 그를 자신의 집으로 데려가지도 않았다. 사마리아인은 자신의 한계를 알고 있었고, 유다인에게 자신이 제공할 수 있는 것보다 더 많은 도움이 필요하다는 것을 깨달은 순간 다음 단계의 보살핌을 받을 수 있는 장소를 찾아냈다. 이 이야기의 결말이 어떻게 되었는지 모르므로, 우리는 여관 주인이 잘 살펴보고 사마리아인과 똑같이 행동했을지 어땠을지 알 수 없다. 그러나 예수님이 우리에게 주시는 명령은 착한 사마리아인처럼 행동하라는 것이다. 착한 사마리아인처럼, 우리 역시 신앙 공동체 안에서 주님, 가족과 친구들 그리고 다른 사람들과 함께하는 여정을 하고 있다. 우리 삶을 청소년들과 함께하는 활동에만 초점을 맞출 수는 없다. 그렇게 하는 것은 청소년들에게도 우리 자신에게도 건강하지 않다. 우리 삶이 젊은이들을 돌보는 데만 집중되어 있다면, 젊은이들은 우리를 보고 그리스도인이 된다는 것, 공동체 생활, 건강하고 온전한 어른이된다는 것, 교회에서 자발적이면서도 전문적으로 활동하는 것에 대해 왜곡된 생각을 발전시킬 수 있다. 만약 당신이 학교나 교회에서 '사는' 모습을 본다면, 청소년들은 (그들이 내게 말해 주어서 알게 된 것인데) 당신에게 다른 생활이 있는지 궁금해할 것이다. 당신에게 다른 생활이 없다거나 당신이 당신의 삶과 가까운 사람들에게 소홀하다고 결론을 내리면, 청소년들은 자신이 특별하다거나 보살핌을 받는다고 느끼지 않게 된다. 그들은 당신이 다른 곳에서는 살 수 없거나 다른 삶은 없어서 자신들이 차선책으로 이용당한다고 느낄 수도 있다. 이것은 독신을 서약하고 정결 서원을 하고 서품을 받은 사제와 수도자들에게도 해당된다. 청소년들은 당신에게 일정한 경계가 있고, 당신에게도 개인 생활이 있다는 것을 알 때 당신이 더 건강하다고 느끼기 때문에, 당신을 더 존경한다. 그리고 그렇게 하는 것이 옳다.

후속 조치 취하기

우리가 성공적으로 또는 미진하게나마 청소년들과 그의 부모에게 도움을 주고, 또는 다른 전문가에게 소개하고 나서도 우리 역할은 끝나지 않는다. 만일 우리가 진심으로 그 청소년을 보살피려 한다면, 사마리아인처럼 다시 돌아가 확인하려고 노력할 것이다. 이 일은 특히 우리가 관찰한 일을 그들의 부모에게 알림으로써 그들과의 신뢰를 강화하거나 깨뜨린 경우에는 더 어려울 수 있다. 그들은 우리와 이야기하고 싶어 하지 않거나, 그들에게 필요한 추가적인 도움을 받으면서도 다른 곳에 에너지를 쓰려고 당신에게서 약간 멀어지려 할지도 모른다. 하지만 청소년이나 그 가족이 어떻게 반응하든, 그들은 여전히 우리가 보여 준 연민과 후속 조치를 취하려는 태도에 대해 어떤 식으로든 고마워할 것이다. 설령 우리가 그 일을 잘하지 못하더라도, 공감하는 마음으로 청소년들을 보살피려는 우리의 진심은 우리가 한 많은 잘못에 면죄부를 줄 것이다.

~~~~~~~~~~~~~~~~~~~

교회는 그 어느 때보다 오늘날 청소년들의 삶에서 당신의 비전, 마음, 재능, 기술 그리고 당신의 존재를 필요로 한다. 오늘날 청소년들에게는 그들이 보내는 신호와 갈망을 알아채는 눈, 보살피고 책임감 있게 기꺼이 대해 주려는 마음 그리고 건강한 경계와 한계를 지닌 정신이 필요하다. 당신이 많은 시간을 들여 이 책을 읽어 주신 것에 감사드린다. 당신이 배운 도구들과 기술들을 연습함으로써, 당신은 당신과 함께하는 청소년들에게 당신이 생각하는 것보다 훨씬 더 큰 도움을 줄 것이다. 청소년들을 보살피는 일에 참여해 주길 바란다. 십대 청소년들과 함께 신앙의 여정을 걸어가는 일에 독자 여러분 모두가 함께해 주길 고대한다.

주

서문

1 "Child Poverty", National Center for Children in Poverty, Columbia University Mailman School of Public Health, 2018년 8월 25일에 확인, http://www.nccp.org.

1. 얼마나 심각한 문제인가?

1 「십 대 청소년 사이에 널리 퍼진 주요 우울 증세」Prevalence of Major Depressive Episode among Adolescents, National Institute of Mental health, 2017년에 마지막 으로 업데이트됨, http://www.nih.gov.

2 Jayne O'Donnel and Anne Saker, 「십 대의 자살이 치솟고 있다: 허점 많은 정신 건 강과 중독 치료가 함께 책임을 지는가?」Teen Suicide Is Soaring: Do Spotty Mental Health and Addiction Treatment Share Blame?, *USA Today*, 2018년 3월 19일 자, http://www.usatoday.com.

3 「자살 통계」Suicide Statistics, American Foundation for Suicide Prevention, 2018년 9월 8일에 확인, http://afsp.org(2016년 치명적 부상 보고에 관한 질병통제예방센터 [CDC] 데이터와 통계에서 가져옴).

4 Alicia Vanorman and Beth Jarosz, 「미국 십 대 청소년 사망 원인 2위로, 자살이 살인 을 대신한다」Suicide Replaces Homicide as Second leading Cause of Death among US Teenagers, Population Reference Bureay, 2016년 6월 9일, http://www.prb.org.

5 John Peterson, Stacey Freedenthal, Christopher Sheldon, and Randy Anderson, 「사춘기 청소년의 자살 의도 없는 자해」Nonsuicidal Self Injury in Adolescents, *Psychiatry* 5, no. 11 (2008년 11월) 20-26, http://www.ncbi.nlm.nih.gov.

6 「무엇이 괴롭힘인가: 괴롭힘의 빈도」What Is Bullying: Frequency of Bullying, Stop-bullying.gov, 2018년 7월에 마지막으로 업데이트됨, http://www.stopbullying.gov.

7 「통계학: 괴롭힘 통계」Statistics: Bullying Statistics, National Voices for Equality, Education, and Enlightenment, 2018년 9월 8일에 확인, http://www.nveee.org.

8 「입양 통계」Adoption Statistics, Adoption Network Law Center, 2018년 9월 8일에 확인, http://www.adoptionnetwork.com.

9 「입양 통계」Adoption Statistics.

10 퓨 자선 신탁(The Pew Charitable Trusts)이라고도 불리는 이 재단은 1948년에 설립된 비정부기구로, 공공 정책을 개선하고 시민 생활을 활성화하여 공익에 봉사하는 활동을 한다. 60억 달러가 넘는 자산을 보유하고 있다 – 역자 주.

11 Teresa Wiltz, "왜 손주를 양육하는 조부모가 늘어나는가"(Why More Grandparents Are Raising Children), Statline, Pew Charitable Trusts, 2016년 11월 2일, http://www.pewtrusts.org.

12 「LGBTQ 가족 실태」LGBTQ Family Fact Sheet, Family Equality Council, US Census Bureau, 2017년 9월 6일, http://www2.census.gov/cac/nac/meetings/2017-11/LGBTQ-families-factsheet.pdf.

4. 스트레스 이해하기

1 FOMO는 '소외되는 것에 대한 두려움'을 뜻하는 영문 Fear of Missing out의 머리글자를 딴 용어다. 우리말로 '소외불안증후군' 또는 '고립공포증' 등으로 해석할 수 있다. 멋지고 흥미로운 일이 지금 어딘가에서 일어나고 있을 것이라는 불안감으로 주로 소셜 미디어의 게시물에 의해 유발되며, 자신만 뒤처지고, 놓치고, 제외되는 것 같은 불안감을 느끼는 증상을 가리킨다. 원래 마케팅 용어였으나, 사회병리 현상을 설명하기 위한 심리학 용어로도 사용된다 – 역자 주.

5. 불안과 우울 알아채기

1 "우울증"(Depression), National Institute of Mental Health, 2018년 2월에 마지막으로 업데이트됨, http://www.nimh.nih.gov.

2 "사춘기 청소년의 정신 건강 기초"(Adolescent Mental Health Basics), US Department of Helath and Human Services, 2018년 3월 14일에 마지막으로 업데이트됨, http://www.hhs.gov.

3 "우울증"(Depression), National Institute of Mental Health.